短く簡単な祈りの方法

内的祈りの手引き

ギュイヨン夫人　大須賀沙織◉訳

教文館

目次

装画　小菅昌子
装丁　熊谷博人

凡　例

『短く簡単な祈りの方法』の翻訳にあたっては、一六八五年の初版と一六八六年の第二版を底本とし、編纂者ピエール・ポワレによる一七二〇年のエディションと、二種の校訂版を参照した。

Moyen court et très-facile pour l'oraison que tous peuvent pratiquer très-aisément, et arriver par-là en peu à une haute perfection, Grenoble, Jacques Petit, 1685.

Moyen court et très-facile de faire oraison que tous peuvent pratiquer très-aisément, et arriver par là dans peu de temps à une haute perfection, 2e édition revue et corrigée, Lyon, Antoine Briasson, 1686.

Les Opuscules spirituels, nouvelle éd. corrigée et augmentée, Cologne, Jean de La Pierre, 1720.

Le Moyen court et autres écrits spirituels : une simplicité subversive, texte établi et présenté par Marie-Louise Gondal, Jérôme Millon, 1995.

Œuvres mystiques, édition critique avec introduction par Dominique Tronc, étude par le P. Max Hulot de Longchamp, Honoré Champion, 2008.

『短く簡単な祈りの方法』は多くの言語に翻訳されており、本訳では下記の英訳を参照した。

Jeanne Guyon, *An Easy and Simple Method of Prayer*, Introduction and Appendix by Matthew Capps, originally published, London, H. R. Allenson, Ltd. ; Kindle Edition, 2016.

日本語による翻訳は書籍としては出版されていないが、下記のサイトに英語からの全訳が掲載されており、全体にわたり参照させていただいた。

オリーブ園クリスチャン古典ライブラリー『短くて簡単な祈りの方法』

https://www.ogccl.org/guyon/guyon001_index.html

「『短く簡単な祈りの方法』のための弁明」の翻訳にあたっては、ピエール・ポワレによる一七一二年の初版と一七二〇年の再版を底本とした。本テクストは一九九五年のエディションにも収録されている。

Les Opuscules spirituels, t. II, Cologne, Jean de La Pierre, 1712.

Les Opuscules spirituels, nouvelle éd., Cologne, Jean de La Pierre, 1720.

Le Moyen court et autres écrits spirituels, éd. par Marie-Louise Gondal, Jérôme Millon, 1995.

本文中の［　］は、訳者による補足である。

ギュイヨン夫人は多くの聖書テクストを引用しており、ギュイヨン夫人のテクストに沿って訳出した。ギュイヨン夫人が依拠しているのは主に、ラテン語のウルガタ版とフランス語のサシー訳聖書であり、訳語や章節番号は今日日本で一般に読まれている聖書と異なるものも多い。章節番号については、とくに詩篇において異なることが多いため、ギュイヨン夫人の示す出典のあとに、新共同訳の章節番号を［　］に示した。脚註に記した聖書引用は、新共同訳を参照しつつ、ウルガタ版とサシー版に沿って訳出したものである。

聖書のうち、下記についてはタイトルを略記した。

コヘレト	（コヘレトの言葉）
マタイ	（マタイによる福音書）
マルコ	（マルコによる福音書）
ルカ	（ルカによる福音書）
ヨハネ	（ヨハネによる福音書）
ローマ	（ローマの信徒への手紙）
一コリント	（コリントの信徒への手紙一）
二コリント	（コリントの信徒への手紙二）
一テサロニケ	（テサロニケの信徒への手紙一）
ガラテヤ	（ガラテヤの信徒への手紙）
フィリピ	（フィリピの信徒への手紙）
コロサイ	（コロサイの信徒への手紙）
一ヨハネ	（ヨハネの手紙一）
黙示録	（ヨハネの黙示録）

誰でもたやすく実践でき、まもなく高次の完成にいたることができる

短く簡単な祈りの方法

わが現前を歩み、完全な者となりなさい。
（創世記一七章一節）

序文

ごく単純に着想したこの小さな作品を公にするつもりは私にはありませんでした。本書は、心から神を愛したいと欲する幾人かのために書かれたものでした。ところが、この小論が彼らの役に立ったため、多くの人がこの本の写しを求めるようになりました。彼らは、ご自分の満足のために、本書を印刷させることを望みましたが、それ以外の意図はありませんでした。

私は、本書をもとの単純さのままに残しました。ここでは誰の行動も非難していません。それどころか、ほかのすべての方々が習慣にしている行動を尊重しています。さらに、本書に含まれるすべてのことを、経験と学識ある方々の検閲にゆだねています。ただ、みなさまにお願いしたいのは、外側に立ち止まらず、これを書いた者の意図を深く理解していただきたいということです。その意図というのは、すべての人が神を愛し、より楽しく、よりよく神に仕えるよう導くことにほかなりません。それは、単純なたやすい方法で行うことができ、並外れたことや念入りに考えられたことはできないものの、神に身をゆだねることを心から望む小さき人々に向いています。本書を読まれる方は、どうか先入観なしに読んでくださいますように。そうすれば、ごくありふれた表現の中に、隠された聖なる慰めを見出すことでしょう。そして、この幸福を探求するようになり、この幸福を所有したいと誰もが望むようになるに違いありません。

本書では「たやすさ」という言葉を使い、完徳は容易なものであるとしています。なぜなら、私たちの内部に神を探せば、神を見つけるのはたやすいことだからです。「私を探しても見つけることはできない」（ヨハネ七章三四節、八章二一節）という一節をもちだす方もいるかもしれません。しかし、そのことを問題にすべきではありません。なぜなら、矛盾しえないこの同じ神が「探す者は見つける」（マタイ七章七節）と言っているからです。罪から離れようとしないまま神を探しても、神を見つけることはできません。なぜならその人は、神がいないところに神を探しているからです。ですから、こう付け加えられています。「あなたがたは自分の罪のうちに死ぬことになる」（ヨハネ八章二一、二四節）と。けれども、少し骨を折って自分の心の中に神を探そうとし、誠実に罪を離れ、神に近づこうとする人は、間違いなく神を見出すでしょう。

多くの人々は信心を恐ろしいものと、祈りを異常なものと思い描いてきたため、最後までやり遂げるのは無理だと思い、信心や祈りを獲得することに努めようとはしてきませんでした。人はあることが困難だと思うと、そのことに成功できるとは思えず、絶望してしまいます。そして、それに着手しようという欲求も同時に失ってしまいます。しかし、あることが有益で、たやすく獲得できると思うと、喜んでそれに打ちこみ、大胆にそれを追求します。ですから、この道の有益さとたやすさをお見せしなければなりません。

おお、もし私たちが、あわれな被造物に対する神の善良さと、神が被造物にご自分を伝えようと欲していることを確信できたなら！　そうすれば、心の中で異様なものを想像したりはしないでしょうし、神が私たちに与えたいと強く欲している善なるものを獲得するのを、そう簡単にあきらめたりはしないでしょう！「私たちにご自分のひとり子を与え、そのひとり子を私たちのために死に引き渡された」（ローマ八章三二節）お方が、私たちに何かを拒むことなどあるでしょうか？　いいえ、決してありません。ただ少しの勇気と辛抱強さが必要です。人は、地上の小さな関心のためには大いに勇気と辛抱強さをもちますが、「唯一必要なこと」（ルカ一〇章四二節）のためにはまったくもたないのです。この道をとおれば、神をたやすく見出せるということを信じるのがむずかしい方は、ここで語られていることを信じなくてもかまいません。ただ、実際に体験し、ご自分で判断なさってください。そうすれば、実際に体験することと比べて、ここで語られていることが、いかに少ないかがおわかりになるでしょう。

親愛なる読者よ、この小さな作品を、単純で誠実な心でお読みください。精神を低め、細かくあら探ししようとせずにお読みください。そうすれば、この本に満足されることでしょう。私がこの作品をあなたにささげるのと同じ心で、この作品をお受けください。私の願いは、あなたを留保なく全的に神のもとへ向かわせることです。この本の価値を強調したり、評価させたりすることにはありません。そうではなく、単純な人々、子どもたちを彼らの父のもとに行くよう励ますことにあります。父は、彼らの謙虚な信頼を愛し、不信を大変嫌われます。ですから、神の愛以外のものは何も探さないでください。あなたの救いを誠実に求めてください。そうすれば、この方法なき小さな方法に従うことで、確実に神を見出せるでしょう。

私の考えが、ほかの人々の考えより優れているなどと主張しているのではありません。そうではなく、神のもとにいたるため、この単純素朴な方法を用いる利点を、私自身の経験とほかの人々の経験から、誠実に語っているだけです。本書では、価値ある多くの事柄を語らず、ただ手短で簡単な祈りの方法のみを語っています。それは、本書がただそのために書かれ、ほかのことを語ることはできないからです。もし人が、本書が書かれたのと同じ精神で読んでくださるなら、不快を与えるようなものは何も見出さないだろうと確信しています。もし人が、この祈りを体験してくだされば、本書に含まれる真理に、よりいっそう確信をもたれることでしょう。

おお、聖なる幼子《おさなご》イエスよ、単純さと無垢を愛し、「人の子らとともにいることを無上の喜びとする」（箴言八章三一節）お方よ――「人の子ら」とは、人間たちのうち、「幼子となる」（マタイ一八章三節）ことを望む人々のことです――、この小さな作品に価値を与えるのはあなたです。この作品を心に刻み、本書を読む人々が、あなたを自分の内部に探すように導くのはあなたです。あなたは、まぐさ桶に休むように彼らの内部に休んでいます。そこであなたは、彼らの愛のしるしを受けとることを欲し、あなたの愛の証《あか》しを、彼らに与えることを欲しています。彼らがこうした恵みを受けずにいるのは、彼らの落ち度です。おお、神なる幼子よ、おお、創造されざる愛よ、おお、要約された無言の言葉よ、あなたを愛させ、味わわせ、聴かせるのはあなたのみ業です。あなたにはそれがおできになります。また、あえて申しあげます。この小さな作品、完全にあなたのものであり、あなたのためのものであるこの作品によって、そうしていただかなければなりません。

第1章 誰でもみな祈ることができる

1.

誰でもみな祈りの能力をもっていますが、自分は祈りに招かれていないと、ほぼすべての人が思っていることは、大変不幸なことです。私たちがみな救いに招かれているように、私たちはみな祈りに招かれています。祈りとは、心の動きと愛以外の何ものでもありません。神を愛し、神に専念することは絶対に必要です。聖パウロは、「絶えず祈りなさい」（一テサロニケ五章一七節）と私たちに命じています。主は、「あなたがたすべてに言っておく。目を覚まし、祈っていなさい」（マルコ一三章三三―三七節）と言いました。ですから、誰でも祈ることができ、また祈らなければなりません。けれども、すべての人が黙想できるわけではなく、ごくわずかな人しか黙想に向いていないことは私も認めます。ですから、神が求めているのも、あなたに望むのも、黙想の祈りではありません。

2.

誰でも、救われたい人はみな祈りに来なさい。あなたは愛に生きなければならないのと同じく、祈りに生きなければなりません。「あなたに勧める。火で精錬された金《きん》を私から買い、豊かな者となりなさい」（黙示録三章一八節）。この金を得ることは、あなたが想像するよりはるかにたやすいことです。「渇いている者はみな、この生ける水のもとに来なさい」（黙示録二二章一七節）。「水をためることのできない壊れた水ためを無駄に掘ってはならない」（エレミヤ書二章一三節）。

来なさい、満足できるものが何も見つからない飢えた心よ。あなたは完全に満たされるでしょう。来なさい、苦労と心配に打ちのめされ、悲嘆に暮れたあわれな人よ、あなたの重荷は軽くなるでしょう。病人よ、あなたの医者のもとに来なさい。病気に打ちのめされているからといって、医者に近づくことを恐れてはいけません。病をあなたの医者に見せなさい。そうすれば、あなたの痛みは和らぐでしょう。子どもたちよ、あなたの父のもとに来なさい。父はあなたを愛の腕で迎えるでしょう。来なさい、道に迷い、さまようあわれな羊たちよ。あなたの羊飼いに近づきなさい。罪人たちよ、あなたの救い主のもとに来なさい。無知な者、愚かな者よ、来なさい。あなたがたは自分にはできないと思っていますが、あなたがたはみな祈ることができるのです。あなたがたこそ、もっとも祈りにふさわしい存在なのです。例外なくすべての人よ、来なさい。イエス・キリストはあなたがたすべてを招いているのです。心のない人は来なくてかまいません。なぜなら、愛するためには心が必要だからです。けれども、心のない人などいるでしょうか? さあ、その心を神にささげに来てください。そして、その方法をここで学んでください。

3. 祈りたいと欲する人は、みな祈ることができます。祈りは完徳の鍵、至福の鍵であり、あらゆる悪徳を捨て、あらゆる美徳を獲得するのに有効な方法です。なぜなら、完全な者になるためにすべきことはひとつしかなく、それは、神の現存を前に歩むことだからです。神ご自身、私たちにこう言っています。「わが現前を歩み、完全な者となりなさい」(創世記一七章一節)。祈りだけがこの現存を与えることができ、しかも継続的に与えることができるのです。

4. ですから、いつでもできる祈りの方法をあなたにお教えしなければなりません。それは外的仕事を妨げず、王子も、王も、高位聖職者も、司祭も、司法官も、兵士も、子どもも、職人も、農夫も、女性も、病人も、誰もができる祈りなのです。それは、頭でする祈りではなく、心でする祈りです。それは、思考による祈りではありません。なぜなら、人間の精神は非常に限られていて、ひとつのことを考えると、別のことを考えられないからです。けれども心の祈りは、精神のいかなる事柄にも妨げられません。常軌を逸した感情以外には、何ものも心の祈りを妨げることはできません。一度神を味わい、神の愛の甘美さを味わったら、神以外の何かを味わうことはできません。

5.

神を所有し、神を味わうことほどたやすいものはありません。神は、私たち自身以上に、私たちの中にいます。神は、私たちが神を所有したいと欲する以上に、ご自分を私たちに与えたいと欲しています。神を探す方法は、ごくたやすく自然なものであり、私たちが呼吸する空気を探す以上に、たやすく自然なことなのです。そうです、教養がなく、自分は何をするにも向いていないと思っているあなた、あなたこそ、祈りと神そのものを糧に生きることができるのです。それは、あなたが呼吸している空気によって生きているのと同じようにたやすく、継続的なことです。ですから、もしあなたが祈らないとしたら、ずいぶんと罪深いことではないでしょうか？　この世でもっとも簡単な祈りの道を学んでしまえば、あなたはきっと祈るようになるでしょう。

第2章 祈りの方法

魂を祈りに導くには二つの方法があり、しばらくの間はその方法を用いることができ、また用いなければなりません。ひとつは黙想、もうひとつは黙想的読書です。

1.

黙想的読書とは、思弁的なこと、あるいは実際的なことを黙想するため、何か堅固な真理を取りあげることにほかなりません。思弁的なことよりも実際的なことを好むようにし、そのようにして読んでいきます。まず、取りあげたい真理を選びます。次に二、三行を読み、消化し、味わい、そこから樹液を吸うようにします。読んでいる箇所に味わいが感じられるかぎり、そこにとどまるように努め、その箇所に味わいがなくなるまでは、先には進まないようにします。その後、また二、三行を読み、同じことをしますが、一度に半ページ以上は読まないようにします。
益をもたらすのは読書の量ではなく、読み方です。急いで読み進む人々は、益を得ません。蜜蜂も蜜を吸うには、花々の上を飛び回るのではなく、花の上に立ち止まらなければなりません。たくさん読むことはスコラ神学には向いていますが、神秘神学には向いていません。霊的書物から益を得るには、このように読まなければなりません。私は確信していますが、このようにすれば、読書をとおして少しずつ祈りに慣れ、祈りの準備ができていくでしょう。

2.

もうひとつの方法は、黙想です。それは、読書の時間にではなく、黙想のために選んだ時間に行います。黙想には、次のような方法で取りかかるのがよいと思います。生きた祈りをとおして神の現前に身を置いたら、何か内容豊かなものを読み、静かにそこにとどまります。思考するのではなく、ただ精神を固定させるようにします。この訓練の要点は、神の現前を感じることであり、その主題は、思考力をつけるというより、精神を固定させるためのものであることに注意します。

それを前提に、神が心の奥に現存していることを生き生きと信じ、内面に力強く沈潜していかなければなりません。感覚が外に向かわないよう、全感覚を内面に集中させるようにします。最初からさまざまな気晴らしを捨て去り、外界の事柄から遠ざかるのがよい方法です。そうすれば、私たちの奥底、神が住まう至聖所である、私たちの中心にしか見出すことのできない神に近づくことができるでしょう。神はこう約束しています。「もし誰かが神のみ旨を行うなら、神はその人のもとにやってきて、その人の中に住む」（ヨハネ一四章二三節）と。聖アウグスティヌスは、まずこのように神を探し求めることをせず、時間を無駄にしたと反省しています。

3.

このように自己の内面に沈潜し、内奥に現存する神に深く浸透すると、諸感覚はすべて集められ、周辺から中心へと引き寄せられます（最初は少し苦労しますが、やがて楽になります。それについてはあとで述べます）。魂がこのように内面に集約されたら、さきほど読んだ真理に、穏やかに、甘美に専心します。あれこれ考えるのではなく、ゆっくり味わい、理性によるよりも愛情によって意志をかき立てるようにします。愛情が突き動かされたら、穏やかに安らかに愛情を休ませ、味わったものを飲みこみます。

上等な肉を咀嚼《そしゃく》するだけでは、味はわかっても、栄養を吸収することはできません。咀嚼の動きを少し止めなければ、飲みこむことはできません。愛情が突き動かされたときも同じことです。愛情をさらに揺り動かそうとしたら、愛情の火を消し、魂から栄養を取り除いてしまいます。魂は、尊敬と信頼に満ちた、愛情深い小さな休息によって、咀嚼し味わったものを飲みこまなければなりません。この方法は絶対に必要です。ほかの方法なら何年もかかるところですが、わずかな時間で魂を前進させるでしょう。

4.

直接的で主要な訓練は、神の現存を見ることでなければならないと言いましたが、同じく、もっとも忠実に行わなければならないのは、気が散ったときに感覚を呼び戻すことです。これが、散漫になる心と闘う手早く効果的な方法です。なぜなら、じかに闘おうとする人は、かえってそれをかきたて、増大させてしまうからです。そうではなく、現存する神を信仰の目で見ることによって内面に沈潜し、単純に精神を集中させてください。こうすることで、散漫な心のことを考えることなく、間接的に、しかしとても効果的に闘うことができます。

また、初心者の方は、真理から真理へ、主題から主題へと先を急がないよう注意してください。そこに味わいが感じられるかぎり、同じところにとどまるようにしてください。それがやがて真理に浸透し、真理を味わい、心に刻むための方法なのです。

はじめは、精神を集中させるのはむずかしいことです。魂全体が外にある状態が習慣となっているからです。けれども、魂が自らに強いて、精神を集中させることに少し慣れてくれば、それはいともたやすいものになります。なぜなら、魂がその習慣を身につけるからであり、また、ご自分の創造物にご自分を伝えることしか望まない神が、溢れる恩寵と、神の現存の経験的味わいを送ってくださり、潜心をごくたやすいものとしてくださるからです。

第3章 字が読めない人々のために

1. 字が読めない人々も、そのために祈りを奪われているわけではありません。イエス・キリストは外側と内側に書かれた偉大な書物であり、彼らにあらゆることを教えてくださるでしょう。彼らは次の方法を実践しなければなりません。第一に、「神の王国は彼らの内にあり」（ルカ一七章二一節）、そこにこそ神の王国を探さなければならない、という基本的真理を学ばなければなりません。主任司祭は小教区信徒に公教要理を教えるように、祈りの方法を教えるべきです。彼らは人間が創造された目的については教えますが、その目的を享受する方法は教えません。どうか次のような仕方で教えてください。まず心の奥深いところで神をあがめ、神の前で自己を無にする行いからはじめます。それから肉体の目を閉ざし、魂の目を開いて、魂を内面に寄せ集めるよう努めます。そしてすぐに、神は自分の中にあるという生きた信仰によって、神の現存に専念するようにします。自分の力と感覚を外に広げることなく、できるかぎり閉じこめておきます。

2.

このようにして「パテル」（主の祈り）をフランス語で唱えます(1)。唱えている内容を少し理解するようにし、自分の中に神がおられ、彼らの父となることを望んでいるということを考えます。この状態で、必要とするものを神に求め、「父よ」という言葉を口にしたあと、少しの間、大いなる敬意をもって沈黙のうちにとどまり、天の父がご意向を知らせてくださるのを待ちます。別のときには、何度も転んで汚れ、傷ついた子どもとして自分を見つめます。立っている力も、体を洗う力もありません。おずおずと、当惑して父の前に身をさらし、ときに愛の言葉や苦しみの言葉を混ぜます。その後、沈黙のうちにとどまります。

次に、「パテル」の祈りをつづけ、この栄光の王が彼らの心を治めてくださるよう祈ります。神に身をまかせ、自分自身に対してもっている権利を神にゆだねます。それから、沈黙のうちにとどまります。その後、次の願いをつづけますが、平安と沈黙へ心が傾くのを感じたら、先に進まず、その状態がつづくかぎりそこにとどまります。それから、二つめの願いをつづけます。「み旨の天に行わるるごとく、地にも行われんことを」（マタイ六章一〇節）。この願いを唱えながら、神が自分の中で、自分をとおして、ご意向のすべてを成し遂げてくださることを求めます。自分の意志と自由を神にささげ、神がそれらを思いのままに使ってくださるようにします。それから、意志を占めるべきものは、愛することであると理解し、愛することを欲し、その愛を神に求めます。けれどもそれは静かに、穏やかに行われます。そして「パテル」のつづきを唱えます。それは司祭さま方が教えてくださいます。「パテル」と「アヴェ・マリア」（天使祝詞）を何度もたくさん唱える必要はありません。このようなやり方でただ一度「パテル」や「アヴェ」を唱えれば、よく唱えたことになるでしょう(2)。

3.

別のときには、彼らは羊飼いのそばにいる羊のようにとどまり、羊飼いに真の糧を求めます。おお羊飼いよ、あなたはご自身で養ってくださいます。あなたは日ごとのパンです。彼らはまた家族の必要を伝えることもできます。けれども、それはすべて、神が私たちのうちにあるという、直接的で主要な信仰のまなざしでなされなければなりま

（1）読み書きのできない無学な人々には、意味が理解できるよう、ラテン語ではなくフランス語で祈りを唱えるよう教えている。「パテル・ノステル」の祈りは巻末（二二一頁）を参照。
（2）「アヴェ・マリア」の祈りは巻末（二一四頁）を参照。

せん。神の何かを心に思い描くのではなく、神の現存を信じることです。なぜなら、神のいかなる姿も思い抱いてはならないからです。とはいえ、イエス・キリストを心に思い描くことはできます。心の奥底で、十字架に架けられた姿、幼子の姿、あるいは別の状態や神秘において見つめることができます。

また別のときには、キリストを医者とみなします。自分の傷を癒してくださるようその傷を見せます。とはいえ、決して無理はせず、ときどき少し沈黙を挟みながら行います。行為と沈黙が同じぐらい、そして行為より沈黙が多くなるようにし、少しずつ沈黙が増え、行為が減るようにします。ついには、神の働きかけに少しずつ身をゆだねることで、神が表面を覆ってくださいます。それについては後述します。

4.

神の現存が与えられ、魂が少しずつ沈黙と休息を味わいはじめると、神の現存という体験的味わいによって、魂は祈りの第二段階へと導かれます。読むことのできる人もできない人も、上述の方法ではじめる以外、ほかの道をとおってこの段階に進むことはできません。(3)

(3)「特別な恩寵を受けた魂の中には、はじめからこの段階を与えられている人もいます」(第二版加筆)。

第4章 祈りの第二段階

1.

祈りの第二段階のことを、「観想」[4]と呼ぶ人もいれば、「単純な祈り」と呼ぶ人もいます。「観想」からは、ほかのいくつもの祈りが生じてくるため、「単純な祈り」と呼ぶほうが適切で、ここではこの用語を用いなければなりません。前述したように、しばらくの間訓練すると、魂は少しずつ、神に愛情を抱くのが容易になるのを感じます。魂はよりたやすく潜心するようになります。祈りはたやすく、甘美で心地よいものとなります。これが、神を見つけるための道であることを知るようになり、この道の芳香を感じとるようになります。このようになったら、方法を変える必要があります。人が何を申し立てよ

（4）「観想、信仰と休息の祈り」（第二版加筆）。

うと驚かず、忠実に、勇気をもって、私がこれから述べることを行ってください。

2. はじめに、信心をもって神の前に身を置き、心を集中させたらすぐにその状態で、敬意に満ちた沈黙のうちに少しとどまってください。もしはじめから、祈りを行いながら、現存する神の味わいを少し感じるなら、そこにとどまってください。いかなることも、先に進むことも心配せず、心に与えられたものを、それがつづくかぎり保つようにします。それが過ぎ去ったら、何かやさしい愛情で意欲をかきたててください。もし、最初の愛情で甘美な平安に立ち戻ったのを感じたら、そこにとどまります。やさしく火に息を吹きかけなければなりません。そして火がついたらすぐに、息を吹きかけるのをやめなければなりません。さらに息を吹きかけたら、火は消えてしまうからです。

3. 祈りを終える際には必ず、最後に少しの間、敬意に満ちた沈黙の中にとどまるようにしてください。魂が勇気をもって祈りに向かい、打算のない純粋な愛を祈りに向けることもまた、大変重要なことです。神から何かを得ようとしてではなく、神を喜ばせ、神のご意向を行うために、祈りに向かうようにしてください。なぜなら、報酬をもらえる分しか主人に仕えない召使いは、報酬に値しないからです。ですから、神から喜びを得るためではなく、神が望むようにそこにあるために、祈りに向かってください。そうすれば、乾いているときも、満ち足りているときも同じでいられるでしょう。そして、神の拒絶にも乾きにも驚かなくなるでしょう。

第5章 乾き

1.

神が望まれる唯一のことは、神を愛し、探し求める魂にご自分を与えることです。神はしばしばご自分を隠しますが、それは怠惰な魂を目覚めさせ、愛と忠実さをもって神を探すようにさせるためです。しかし神は、どれほどの善良さでもって、最愛の者の忠実さに報いてくださることでしょう！　見せかけの逃避のあとには、どれほどの愛撫がやってくることでしょう！　頭を使って努力をし、たくさんの行為をとおして最愛の方を探し求めることが、より大きな忠実さであり、よりいっそう愛を示すことであり、神がまもなく戻ってくるようにする方法であると思っている人がいます。いいえ、親愛なる魂たちよ、それはこの段階で行うことではありません。愛に満ちた忍耐をもって、視線を落とし、へりくだって、穏やかな愛情を頻繁に向け、尊敬に満ちた沈黙をもって、最愛の方の帰りを待たなければなりません。

2.

このような仕方によって、あなたが愛しているのは神のみであり、神の望まれることを望んでおり、神を愛することで得られる喜びゆえに神を愛しているのではないことを示すことができるでしょう。ですから、こう言われています。「乾きと闇のときに忍耐を失ってはならない。神からの慰めが中断され、延期されるのを耐え忍びなさい。神と結ばれていなさい。あなたの生命が成長し、一新されるよう、忍耐強く神を待ちなさい」（シラ書二章二―三節）。祈りにおいて忍耐をおもちください。そしてもし一生涯、へりくだり、身をゆだね、忍従し、満足した心で、最愛の方の帰りを忍耐強く待つこと以外、何もしないとしたら、おお、それはすばらしい祈りです！　あなたは愛に満ちた嘆きをその祈りに混ぜることができます。この方法は何と神の心を喜ばせることでしょう！　そしてほかの方法よりもいっそう、神は戻ってこざるを得なくなるのです。

第6章 身をゆだねること

1.

ここで、自己のすべてを神にゆだね、ささげることをはじめなければなりません。

時々刻々、私たちに起こることはすべて、神の秩序と意志によるものであり、すべてが私たちに必要なことであると、強く納得するところからはじめなければなりません。この確信は、私たちをすべてにおいて満足させ、私たちに起こるすべてのことを、被造物の側からではなく、神の中で眺めるようにさせてくれます。親愛なる兄弟たちよ、誰であれ、神に身をささげたいと望む者は、一度神に身をささげたら、どうか再び自己を取り戻さないようにしてください。一度与えたものは、もはやあなたの自由にはならないのだとお考えください。

2. 身をゆだねることは、祈りの道全体においてもっとも重要なことであり、内的生活全体の鍵です。うまく身をゆだねることできる人は、まもなく完全な者となるでしょう。ですから、論理や熟慮の声を聞かず、身をゆだねた状態に揺るぎなく身を保たなければなりません。大いなる信仰は大いなるゆだねをもたらします。「いかなる希望もなしに希望をもちながら」（ローマ四章一八節）、神を信頼しなければなりません。

3. 身をゆだねることとは、私たちが神の導きに完全に身をまかせるため、自分自身に関するあらゆる気遣いを脱ぎ捨てることです。キリスト教徒はみな、身をゆだねるよう勧められています。次の言葉はすべての人に向けられています。「明日のことを思い悩むな。天の父は、すべてあなたがたに必要なものをご存じである」（マタイ六章三二、三四節）。「あなたの道のすべてにおいて神を思いなさい。そうすれば、神自らあなたの歩みを導いてくださる」（箴言三章六節）。「あなたの業を主に示しなさい。そうすれば、主はあなたの思いを成し遂げさせてくださる」（箴言一六章三節）。「すべての行動を主にゆだね、主のうちに希望せよ。そうすれば、主が自ら行ってくださる」（詩篇三六〔三七〕篇五節）。ですから、身をゆだねることとは、外的にも内的にも、神の手の中に完全に身を投げ出すことでなければなりません。自分自身をすっかり忘れ、神のことしか考えません。この方法によって、心はいつも自由で、満ち足り、解放された状態に保たれます。

4.

実践にあたっては、自分の意志は絶えず神の意志の中にすべて捨て去るようにします。個人的な心の傾きはすべて、それがいかによいものに思われようとも、断ち切らなければなりません。心の傾きが生まれてくるのを感じたら、偏《かたよ》りのない状態に身を置き、永遠の昔から神が望まれてきたことしか望まないようにします。体のこと、魂のこと、現世的財産のこと、永遠の財産のこと、どんなことに対しても偏りのない心でいることです。過去は忘却に、未来は摂理にまかせ、現在は神にゆだね、神の永遠なる秩序を私たちにもたらしてくれる今このときに満足することです。その秩序は私たちにとって、神の意志の過《あやま》つことなき宣言であり、すべての人に共通の、逃れえない宣言です。私たちに何が起ころうと被造物に帰せず、万事を神のうちに眺めることです。私たち自身の罪以外は、すべてが間違いなく神の手からやってきたものとみなすことです。ですから、内的なことについても、外的なことについても、神がお望みのまま、神の導きに身をまかせてください。

第7章 苦しみ

1.

神を愛しているなら、神があなたに被らせるすべてのことに満足してください。タボール山の神よりも、ゴルゴタの丘の神を愛さなければなりません。(5) なぜなら、ゴルゴタの丘こそ、神がもっとも大きな愛を示した場所だからです。あるときは身をゆだね、またあるときは自分を取り戻す人々のようにはならないでください。彼らは愛撫されるためには身をゆだねますが、十字架に架けられると自分を取り戻し、あるいは被造物の中に慰めを求めに行きます。

(5) タボール山は、キリストが弟子たちの前で光り輝く姿に変容したとされる山(マタイ一七章一―八節、マルコ九章二―八節、ルカ九章二八―三六節)。栄光のキリストよりも受難のキリストを愛さなければならないの意。

2.

いいえ、親愛なる魂よ、あなたは十字架への愛の中にしか、完全に身をゆだねることの中にしか、慰めを見出せないでしょう。おお、十字架への嗜好をもたない者は、神への嗜好をもたないのです（マタイ一六章二四節）(6)。十字架を愛することなく神を愛することはできません。十字架への嗜好をもつ者は、もっともつらいことでさえ、甘美で好ましく快いものに感じます。「飢えに苦しむ魂は、苦いものも甘く感じる」（箴言二七章七節）。なぜならその魂は、自分が十字架に飢えているのと同じように、神に飢えているのを感じるからです。十字架は神を与え、神は十字架を与えます。内的進歩のしるしは、十字架において進歩しているかどうかです。身をゆだねることと十字架はともに進みます。

3.

何かに嫌悪を催したり、提示されていることを苦しみと感じたりしたらすぐ、まずそのことについて神に身をゆだね、犠牲として自分を神にささげてください。そうすれば、十字架がやってきても、自ら求めたものなので、もうさほど重くはないことに気づくでしょう。それでもやはり、重さを感じることに変わりはありません。十字架を感じることは苦しむことではない、と思っている人がいますが、苦しみを感じることは、苦しみの主要な一部です。イエス・キリストは、苦しみのあらゆる厳しさを耐え忍ぶことを望まれました。人はしばしば弱さとともに十字架を担い、ときには力強く十字架を担います。

すべて同じように担わなければなりません。

（6）「私についてきたい者は、自己を捨て、自分の十字架を担って、私に従いなさい」。

第8章 神秘

1.

この方法をとおして神秘を心に刻みこむことはできない、と反対する人がいるかもしれません。そんなことはまったくありません。実際に神秘は魂に与えられます。私たちが身をゆだね、「道」として従い、「真理」として聴き、「命」として私たちを生かすイエス・キリスト（ヨハネ一四章六節）(7) ご自身が、ご自分を魂に刻み、ご自分のすべての状態を担わせてくださいます。イエス・キリストの状態を担うこと、それはイエス・キリストの状態を見つめることよりも、はるかに重要なことです。聖パウロは、イエス・キリストの状態をその身に担っていました。彼は、「私はイエス・キリストのしるしをこの

(7) 「私は道であり、真理であり、命である。私をとおらなければ、誰も父のもとに行くことはできない」。

身に負っているのです」（ガラテヤ六章一七節(8)）と言ったのであり、そのことについて考えているとは言いませんでした。

2. このように身をゆだねた状態のとき、イエス・キリストはしばしば、ご自分のさまざまな状態を特別な仕方で見せてくださいます。それらの状態を受け入れ、キリストが望むすべてのものに心を集中させなければなりません。キリストが私たちをそこに置くことを望むあらゆる状態を等しく受け入れ、自分自身ではいかなる状態も選びません。ただキリストのもとにとどまり、愛情を抱き、キリストの前で自己を無とします。光も闇も、安楽も不毛さも、力も弱さも、甘さも苦さも、誘惑も、注意力の散漫も、苦労も、倦怠も、不確かさも、キリストが与えるすべてのものを等しく受け入れます。何ものも私たちを引き止めてはなりません。

3. 神は一部の人々には、何年もの間、こうした神秘のひとつを味わうよう専心させます。彼らはその神秘をひたすら眺め、思うことで、内面に集中します。彼らがその神秘に忠実でありますように。けれども、神がその神秘を取り去ったら、剝ぎ取られるにまかせてください。別の人々は、ひとつの神秘について考えることができず、つらい思いをしますが、神秘に向かう傾向と神への愛は、特別な信心を内に含んでいます。神を愛する人は、神に属するすべてのものを愛します。

（8）「私は、主イエスの焼き印をこの身に受けているのです」。

第9章 徳

1.

神に属するすべてのものを愛すること、これが徳を獲得する手早く確かな方法です。なぜなら、神はあらゆる徳の根源であり、神を所有することは、あらゆる徳を所有することだからです。人はこの所有に近づけば近づくほど、高度に徳を有するようになります。それに、内面からもたらされたのではない徳はどれも、徳の仮面であり、衣のように剝ぎ取られ、長つづきしません。しかし、内奥から伝えられた徳は、本質的な徳であり、永続的で真実なものです。「王の娘の美しさは内面から来る」（詩篇四四［四五］篇一四節）のです。(9) 彼らは、徳のことをとりたてて考えているわけではありませんが、それに

（9）ギュイヨン夫人の「内面から来る」という表現はウルガタ版とサシー版にもとづいている。

もかかわらず、あらゆる魂の中で、彼らほど力強く徳を実践する者はありません。彼らが結ばれている神が、あらゆる種類の徳を実践させてくださいます。神は、彼らに何も許してはくれません。小さな楽しみひとつ、許してはくれません。

2. これら、神を愛する魂たちは、苦しみをどんなに渇望していることでしょう。彼らの欲するままに行動させたら、どれほどの苦行に身を投じることでしょう。彼らは、最愛の方を喜ばせることしか考えず、自分自身のことはなおざりにし、自分をあまり愛さなくなります。神を愛すれば愛するほど、自己とあらゆる被造物を嫌悪するようになります。

3. おお、いとも簡単なこの方法を学んでくださったら、神の教会全体がどれほど容易に改良されることでしょう！　この方法は、もっとも無知で教養のない人々にも、もっとも学のある人々にも、すべての人に適しています。ただ、愛するだけでよいのです。「愛しなさい。そしてあなたが望むことをしなさい」（聖アウグスティヌス）[10]。なぜなら、人は愛しているとき、最愛の方を不快にするかもしれないことは、何もしようとは思わないからです。

（10）アウグスティヌス『ヨハネの第一の手紙講解説教』第七説教八節。一ヨハネ四章「神は愛」の解説。

第10章 苦行

1.

さらに言えば、別の道をとおって、感覚と情念の完全な抑制にいたることはほとんど不可能です。その理由は、ごく当然のことですが、力と生気を感覚に与えるのは魂であり、情念をかき立て、揺さぶるのは感覚だからです。死者は、魂と感覚が切り離されたために、もはや感情も情念ももちません。外側からなされる働きかけはすべて、魂を常にもっと、ものごとの外側へと向かわせ、魂はより強くそこに集中します。このようにして、魂はさらに外側へと分散してしまいます。直接的に、苦行や外側のことに専念すると、魂は完全にそちら側へ向けられてしまい、その結果、感覚を弱めるどころか、感覚に効力をもたせてしまいます。なぜなら感覚は、魂の集中をとおして力を引き出すからです。魂が感覚の中にあればあるほど、魂は感覚に活気を伝えます。感覚に伝えられた活気は、情念を消し去るどころか、揺さぶり、かき立てます。苦行は肉体を弱らせることはできても、感覚の鋭さも力もけっして鈍らせることはできないのは、こうした理由からなのです。

2. ただひとつのことだけが、感覚の抑制を可能にしてくれます。それは、精神の集中によって、魂全体が内面へと向きを変え、そこに現存する神に専念することです。魂が全精力を内面に向けるなら、ただこれだけの行為によって、魂は感覚から切り離されます。全精力を内面に使うことで、全感覚を無効にします。魂が前進し、神に近づけば近づくほど、自分自身から引き離されます。恩寵に強く引き寄せられる人は、外的に衰弱し、しばしば気を失います。

3. それは、苦行をしてはならないという意味ではありません。各人の体力と状態、従順に応じて、苦行は常に祈りとともに行われなければなりません。けれども、苦行を主要な実践とすべきではなく、あれこれの苦行を固定的に行うべきでもなく、ただ内的引力に従い、神の現存に専心すべきであり、苦行のことをとくに考える必要はありません。あらゆる種類の苦行は、神がさせてくださいます。神に忠実に身をゆだねる魂に対し、彼らのうちにある死すべきもののすべてを死なせるまで、神は少しも休息を与えません。ですから、ただ神に注意深く身を保つことだけをしなければなりません。そうすれば、すべてが完璧に行われます。すべての人が外的苦行をできるわけではありませんが、今述べたことはできるのです。完全に抑制することのできない二つの感覚があります。視覚と聴覚です。なぜなら、視覚と聴覚はあらゆる形象を生み出すからです。神がそうさせており、神の霊に従うしかありません。

4. このようにふるまうことによって、魂は二重の恩恵を受けます。まず、外界から身を引くにつれ、魂はますます神に近づきます。また、神に近づくと、密かな力と徳が伝えられ、魂を支え、保護します。神のほうに近づけば近づくほど、罪から遠ざかるのです。そのとき魂は、「絶えず神のもとへと回帰する」習慣的回心の状態にあります。

第11章 回心

1.

「これまで神から遠ざかっていた分、心の奥の神に立ち帰れ」（イザヤ書三一章六節）。

回心とは、被造物から遠ざかり、神のもとに立ち帰ることにほかなりません。回心は、ただ罪の状態から［罪のない］恩寵の状態に向かってなされるとき、たしかにそれは救いにとってよいことで有効なことではありますが、十分ではありません。完全な回心となるためには、外から内に向かってなされなければなりません。

魂は神のほうへ向きを変えると、神に回帰した状態にとどまることが、きわめて容易になります。回帰の状態にとどまればとどまるほど、神に近づき、神と結ばれます。そして、神に近づけば近づくほど必然的に、神と対立する被造物から遠ざかるようになります。回心の中で魂が堅固に強められる結果、その状態が習慣となり、ごく自然なものとなります。

けれどもそれは、被造物の側の激しい実践によってなされるものではないことを知らなければなりません。人間が恩寵とともにすることができ、すべきである唯一の実践は、内部に向きを変え、内部に心をまとめるよう努めることです。そのあとはもう、神のほうを向き、継続的密着の状態にとどまる以外、すべきことは何もありません。

2.

神には魂を引き寄せる力があり、絶えずより強く魂を引き寄せています。そして引き寄せながら、魂を浄化します。それは、太陽が水蒸気を引き寄せるときにも見られます。水蒸気の側では、少しずつ引き寄せられるにまかせる以外、何の努力もすることなく、太陽が水蒸気を引き寄せながら、水蒸気を希薄化し浄化します。しかしそこには違いがあります。水蒸気は魂のように自由に引き寄せられるのではなく、自発的に従うのではありません。内面に向かうこの方法はとてもたやすく、努力せず、ごく自然に魂を前進させます。なぜなら、神が私たちの中心だからです。中心は常に、とても強く引き寄せる力をもちます。そして中心が卓越し、霊的であればあるほど、引力はいっそう激烈になり、その流れを止めることはできません。

3. 中心の引力に加え、あらゆる被造物には、自らの中心と結合しようとする強い傾向が与えられています。そのため、もっとも霊的で完全な人々は、より強くこの傾向をもちます。ある物がその中心のほうに向けられるやいなや、強力な障害に遮られないかぎり、勢いよく中心へと突進します。空中に投げられた石は、手を離れ、地面のほうに向きを変えるやいなや、自分の重みで中心に向かうように地面に向かいます。水や火も同じです。遮るものがなければ、絶えず中心へと突進します。魂は、内部に集中するためになされる努力によって、中心へと向きが傾くと、突き進みます。魂は、内部に集中するため努力をすることもなく、少しずつ中心へと落ちていきます。そして、魂が自ら動くことなく、平安と静寂の状態にとどまればとどまるほど、魂はすばやく前進します。なぜならその魂は、自分を強く引き寄せる求心力に、より多くの場所を譲るからです。

4. ですから、私たちが心がけるべきことは、ただできるかぎり内面に集中することです。この実践に苦労するかもしれませんが、動揺しないでください。それはまもなく、神の側からの感嘆すべき協力によって報われるでしょう。神は、この実践をごくたやすいものにしてくださるでしょう。気を散らすものや心を占めるものによって神が遠ざかってしまうときも、穏やかで静かな少しの回帰によって、優しく平和な愛情によって、私たちが穏やかに、甘美に、心を向けることに忠実でさえあればよいのです。情念が湧きあがってくるときも、内面の、現存する神の側にちょっと回帰することで、ごく簡単に情念を静めることができます。それ以外の闘いは、情念をかきたててしまいます。

第12章 神の現存の祈り

1.

これまで述べてきたように、神への愛と愛情の中で忠実に訓練する魂は、神が自分を完全に占拠していくのを少しずつ感じ、とても驚かされます。神の現存がごく自然なものとなり、それなしではいられなくなるでしょう。神の現存は、祈りと同様、注入によって与えられます。魂は少しずつ、静けさが自分の中に広がっていくのを感じます。沈黙が、祈りそのものとなります。そして神は、その魂に愛を注ぎ与え、えもいわれぬ幸福がはじまります。ああ、これにつづく無限の段階をたどることができたなら！　けれども今は、初心者のために書いているのですから、ここにとどまらなければなりません。あ

らゆる状態に役立ちうるものを、神が明らかにしてくださるのを待つことにしましょう。(11)

2. ここでは、こう述べるにとどめなければなりません。そのとき重要なのは、あらゆる行為と働きをやめ、神がなさるにまかせることです。神ご自身、「休息のうちにとどまり、私が神であることを見分けなさい」(詩篇四五篇一〇節［四六篇一一節］)と、ダヴィデをとおして言われました。しかし人は、自分がしていることに、とても愛着をもっているので、自分の働きを感じたり、認めたり、見分けたりしないと、自分は何もしていないと思ってしまいます。速く走っているせいで、自分の歩みが見えなくなっているということがわかりません。神の働きかけがいっそう満ち溢れてくると、人間の働きは吸収されてしまいます。それはちょうど、太陽が現れるまでは星がよく見えていたのに、太陽が昇るにつれ、星々の光全体が少しずつ吸収されていくのと同じです。星が見えなくなったのは、光が足りないせいではなく、光の充溢のためです。ここでも同じことです。人はもはや、自分の働きを見分けません。なぜなら、全体に行きわたる強い光が、すべてをしのぐその充溢ゆえに、個々の小さな光全体を吸収し、完全に消し去るからです。

3. ですから、この祈りを無為な祈りだと言ってとがめるのは、大きな間違いです。このように言うのは、経験がないためです。ああ、この祈りを試してみようと少し努めてくだされば、まもなく身をもって体験し、この事実に精通するでしょう！　つまり、行動が減退するのは、欠乏のせいではなく、豊饒さのゆえなのです。この体験をする人は、このことがはっきりわかるようになるでしょう。それは、欠乏によって引き起こされる不毛な沈黙ではなく、豊饒さによってもたらされる、満ち足りた、心潤す沈黙だということを知るようになるでしょう。ダヴィデは、「わが魂は神の御前《みまえ》に沈黙し、確実にとどまる」（詩篇六一篇一節［六二篇二節］）と言ったとき、このことを体験していたのです。

4. 口を閉ざすのは二種類の人々です。一方は、言うことが何もない人々です。もう一方は、言うことがありすぎる人々です。この段階でも同じことで、人は欠如のせいではなく、過剰さゆえに黙っているのです。水は、まったく異なる仕方で二種類の人々に死をもたらします。一方は喉の渇きで死に、もう一方は溺れ死にます。一方は不足によって、もう一方は豊富さによって死にます。ここでは豊富さがあらゆる働きを止めるのです。

(11) これにつづく祈りの諸段階については、『奔流』（村田真弓訳、『キリスト教神秘主義著作集　第一五巻　キエティスム』、教文館、一九九〇年）にまとめられている。

ですからこの段階では、できるかぎり沈黙のうちにとどまることが重要です。

母親の乳房に口をつけている幼子は、母乳が出てくるよう、小さな唇を動かしはじめます[12]。母乳が豊かに出はじめると、口を動かすことをやめ、ただ飲みこむことで満足します。もし動いたら、邪魔をして、母乳をこぼしてしまい、口を離さなければならなくなります。同じように、まず愛情の唇を動かさなければなりません。しかし、恩寵の母乳が流れはじめたら、休息のうちにとどまり、ゆっくりと飲みこむ以外、何もすることはありません。母乳の流れが止まったら、子どもが唇でするように、愛情を少し動かします。別の方法で行う人は、この恩寵を享受することはできないでしょう。

5.

動かず、安らかにゆっくりと母乳を飲むこの子には何が起きているのでしょう？　このようにして栄養を摂《と》っていると、誰が信じられるでしょう？　ところが、子どもは穏やかにお乳を吸えば吸うほど、母乳はいっそう子どもの滋養となります。いったいこの子には何が起きているのでしょう？　子どもは母の胸の上で眠りに落ちます。安らかに祈る魂はしばしば、神秘的眠りに落ちます。その眠りの中では、あらゆる能力が口を閉ざし、段階を追って一時的に与えられるものの中へと入っていきます。魂はごく自然に、障害もなく、努力もせず、練習も技法もなしに、ここへと導かれます。内面は、大砲によって奪い取られる要塞ではありません。愛によって所有される平和の王国です。ですからこのようにして、小さな歩みをごく穏やかにたどるうちに、やがては、「神から注がれる」〈注賦《ちゅうふ》的祈り〉へと到達することでしょう。神は、特別なこと、むずかしいことは何も要求しません。それどころか、ごく単純で子どものような方法を大変好まれます。

6.

宗教において、もっとも偉大なものはすべて、もっともたやすいものです。もっとも必要な秘跡は、もっとも易しいものです。自然の事柄においても同じことです。海に行きたいと思ったら？　川から船にお乗りください。そうすれば、知らぬ間に、努力せず、海へとたどり着くでしょう。神のもとへ行こうと思ったら？　これほど甘美で、これほどたやすいこの道をお取りください。まもなく驚くような仕方で、神のもとにたどり着くでしょう。

おお、この祈りを試してみたいと思っていただけたなら！　ここで語っていることは、ほんのわずかでしかないこと、あなたがなさる体験は、ここに記していることよりはるか先まで行くことをおわかりいただけるでしょう！　何を恐れているのですか？　なぜ、い

（12）フランソワ・ド・サル『神愛論』第六巻九章。

ますぐ愛の腕の中に飛びこまないのでしょう？　その愛は、ただあなたを受け入れるため、両腕を十字架上に広げられたのです。神を信頼すること、神に身をゆだねることに、どのような危険がありうるのでしょう？　ああ、神はあなたを裏切りません。もし裏切るとしたら、それは快い裏切りであり、あなたが期待するよりははるかに多くのものを与えてくださいます。人々が自分にすべてを期待するのではなく、神がイザヤの口をとおしてされた、この非難に耳を傾けてくださいますように。「おまえは自分の道の複雑さに疲れている。それなのに、休もうとは決して言わなかった」（イザヤ書五七章一〇節）。

第13章 休息——神の現存

1.

ここに到達した魂はもはや、魂の休息以外、何の準備も必要としません。なぜなら

ここでは、一日中つづく神の現存、それは祈りの大きな成果ですが、それが神から注ぎこまれるようになり、ほとんど継続的なものとなるからです。魂はその奥底で、計り知れない幸福を享受します。魂は、神が自分以上に自分の中にいることを見出します。神を見出すためにすべきことはひとつしかありません。自己の中に沈潜することです。魂は目を閉じるやいなやとらえられ、祈りのうちにあるのを感じます。魂はこれほど大きな幸福に驚きます。そして魂の中で会話がなされ、外界に妨げられることはありません。

2.

「知恵」について、「すべての善は知恵とともに来た」（知恵の書七章一一節）と言われています。この祈りの方法についても同じことが言えます。なぜなら、あらゆる徳がこの魂の中に快く流れこむからです。魂はごくたやすく徳を実践し、それらの徳が自然なものに思われます。魂は生命と豊饒さの芽をもち、すべてよいことに対しては有効に働き、すべて悪いことに対しては無感覚になります。ですから、この状態に忠実でいてください。それが何であれ、告解や聖体拝領、行為や祈りのためであれ、単純な休息以外のありかたを探し求めないよう注意してください。神から溢れる流入に満たされるままになる以外、すべきことは何もありません。私が述べているのは秘跡の準備のことではなく、内的状態の準備のことです。

第14章 沈黙

1. 「沈黙して主の前にとどまり、主を待ち望め」（詩篇三六篇六節［三七篇七節］(13)）。内的沈黙がなぜこれほど必要かというと、御言葉は永遠の本質的な言葉であり、魂の中に受け入れられるためには、御言葉のありようと似た魂の状態が必要だからです。たしかに、言葉を受けとるためには、耳を傾け、聴かなければなりません。聴覚は、伝えられた言葉を受けとるための感覚です。聴覚は、能動的感覚ではなく受動的感覚であり、言葉を受けとりますが、伝えはしません。御言葉は魂に伝えられ、魂を再生させるべきものであるため、魂は注意深くなければなりません。

（13）第二版から「主はその聖なる神殿におられる。全地よ、沈黙して主の前にとどまれ」（ハバクク書二章二〇節）に置き換え。

2. それゆえ、神の声に耳を傾け、注意深くなるよう、あれほど多くの箇所で勧告されているのです。その例はたくさん挙げることができますが、次の引用にとどめておきます。「わが民よ、あなたがたみな、私に耳を傾けなさい。私が選んだ国よ、私の声を聴きなさい」（イザヤ書五一章四節）。「私が胎内に宿し、胎内に包むあなたがたみな、私に耳を傾けなさい」（イザヤ書四六章三節）。「娘よ、聴きなさい。あなたの父の家を忘れなさい。そうすれば、王はあなたの美しさを慕うだろう」（詩篇四四［四五］篇一一－一二節）。神に耳を傾け、神に注意深くなること、自分自身とあらゆる関心を忘れることが必要です。これらただ二つの行動（というより受動です。なぜならそれらはまったく受動的ですから）は、神の愛、美への愛を引き寄せます。この愛は、神ご自身が伝えてくださるものです。ですから、耳を傾け、注意深くあること、自分自身を忘れることです。

3. 内的沈黙を育むためには、外的沈黙がとても必要です。沈黙と隠遁を愛することなく、内的になることはできません。神は、預言者の口をとおして私たちにこう告げています。「彼女を孤独に導き、その心に語りかけよう」（ホセア書二章一六節）。内的には神に専心し、外的にはさまざまな雑事に関わるというのは不可能なことです。弱さゆえに、心が外側に拡散してしまうときは、内部にちょっと回帰しなければなりません。放心し、気が散るたび、忠実に内部に回帰しなければなりません。三〇分や一時間、祈り、内省するだけでは十分ではありません。一日中、祈りの敬虔な姿勢と精神を保たなければなりません。

第15章 告解と糾明

1.

糾明《きゅうめい》は、常に告解に先立って行われなければなりませんが、それは魂の状態と一致していなければなりません。この段階にいる人々は、神の前に身をさらさなければなりません。神は彼らを照らし、彼らの過ちの性質を必ず知らせてくださいます。この糾明は、平安と静けさをもってなされなければなりません。私たち自身による追及よりも、神に期待するようにします。私たちが努力して自己糾明をすると、すぐに思い違いをしてしまいます。私たちは「善を悪と、悪を善と」（イザヤ書五章二〇節）思い、また、自愛心は私たちを簡単に欺きます。しかし、私たちが神の目に身をさらしていると、太陽が微粒子まで見せてくれるのです。ですから、糾明のためにも、告解のためにも、自己を棄て、神にすっかり身をゆだねなければなりません。

2.

この祈りの方法に入るとすぐ、神は魂が犯すあらゆる過ちを必ずおとがめになります。魂は、過ちを犯すやいなや、焼けつくような感覚を覚えます。それはそのとき、神が糾明されているのです。神は何も見逃しません。魂はただ単純に、神のほうへ向きを変えるだけでよく、神が与える苦痛と矯正を耐え忍びます。神の側からなされるこの糾明は継続的なものなので、魂はもう自分で自分を糾明することはできません。また、魂がもし忠実に神に身をゆだねるなら、魂が自らあらゆる注意を尽くしてなしうるよりも、神の光によって、はるかによく糾明されるようになります。それは経験をとおして、よくわかるようになるでしょう。

3.

告解については、次のことを知っておく必要があります。この道を歩んでいる人々は、告解室に近づき、罪を告白しはじめると、これまで習慣としてきた後悔と痛悔のかわりに、優しく静かな愛に心をとらえられ、しばしば驚くことになるでしょう。このことを教えられていない人々は、痛悔の念を抱こうと、そこから抜け出そうとします。なぜなら、痛悔の念をもつことが必要だと聞かされてきて、それはたしかに正しいからです。しかし、自分自身でなしうるよりもはるかに優れた真の痛悔、「神から注がれる」あの注賦的愛を失ってしまうことが、彼らにはわかりません。彼らは形式的業は行っていないものの、本質的業を行っているのです。神が彼らの中で、彼らをとおして、彼らのために働きかけているとき、ほかのことをしようと心配する必要はありません。このような仕方で罪を憎むことは、神が罪を憎むように罪を憎むことになります。神が魂の中にもたらしているのは、もっとも純粋な愛です。ですから、魂は行動しようと急がず、「神を信頼し、置かれた場所に安らかにとどまれ」（シラ書一一章二二［二一］節）という賢者の助言に従い、あるがままの状態にとどまってください。

4.

魂はまた、自分の過ちを忘れてしまい、思い出すのに苦労することにも驚かされるでしょう。そのことで悲しむ必要はありません。理由は二つあります。第一に、この忘却は過ちが浄化されたしるしであり、自分に関することはすべて忘れ、神のことしか思い出さないことは、この段階において最良のことだからです。第二に、告解をしなければならないとき、もっとも大きな過ちは、神が必ず魂に見せてくださるからです。そのとき、神ご自身が糾明しているのであり、魂は自分であらゆる努力をするよりも、このようにして、よりよく糾明を果たせることがおわかりになるでしょう。

5.

このことは、これ以前の段階ではありえません。そこでは魂がまだ行為の中にあるため、あらゆることに対し、進度に応じて多かれ少なかれ自分の業を用いることができ、用いなければなりません。この段階に来た魂は、今述べた状態にとどまり、単純な専心をつづけてください。聖体拝領についても同様です。神の働きかけにまかせ、沈黙のうちにとどまってください。神は、神をとおしてこそ、最良の仕方で拝領されうるのです。

第16章 読書と口禱

1. この段階における読書の仕方は、精神が集中するのを少し感じたら、すぐに読書をやめ、休息のうちにとどまるようにすることです。ほんの少ししか読まず、内部に引き寄せられるのを感じたら、読むのをやめます。

2. 魂は内的沈黙へと呼び寄せられたらすぐ、口禱《こうとう》をたくさん唱えるべきではなく、口禱はほんの少しにすべきです。口禱を唱えているとき、何か困難を感じ、沈黙に引き寄せられるのを感じたら、そのままとどまり、祈りが義務でないかぎり、無理をしないでください。義務である場合は、口禱をつづけなければなりません。口禱が義務でない場合は、引き寄せられるのを感じ、祈りを唱えるのがつらくなったらすぐ、口禱をやめてください。遠慮したり縛られたりせず、神の霊に導かれるままになってください。そうすれば、卓越した仕方であらゆるお勤めを果たすことができるでしょう。

第17章 願いごと

1. 魂は、以前は容易にしていた願いごとができなくなっていることに気づくでしょう。そのことに驚く必要はありません。なぜなら、そのとき「霊が、聖なる者たちのために、よきもの、完全なもの、神のご意向にかなうものを願ってくださるからです。霊は、私たちが弱さの中にあるときも助けてくださいます。なぜなら、私たちは何を願うべきかを知らず、しかるべく願うこともできないからです。しかし、霊ご自身が、言いようのないうめきをもって私たちのために願ってくださるのです」（ローマ八章二六―二七節）。さらには、神の計画を助けなければなりません。神は、魂からその人固有の働きを剝ぎ取って、ご自分の働きかけと置き換えようとなさるのです。

2.

ですから、神がなさるにまかせてくださいさい。自ら何かに縛られないようにしてください。それがいかによいものに思われようとも、もしそれが、神があなたに望んでいることから遠ざけるとしたら、よいものではありません。神のご意向は、ほかのあらゆる善より好ましいものです。あなたの興味関心を捨て去り、自己放棄と信仰に生きてください。まさにここから、信仰が魂の中で働きはじめるのです。

第18章 過ち

1.

何か過ちに陥ったり、わき道に逸れたりしたらすぐに、内部へと向き直らなければなりません。なぜならその過ちは神から遠ざかったためであり、できるだけ早く神のほうへ向きを変え、神ご自身が科される罰を受けるべきだからです。重要なのは、過ちのことで心配しないことです。なぜなら、心配というのは、ひそかな自尊心と、自分の優秀さを愛する気持ちから生じるからです。ありのままの自分を自覚するのはつらいことです。私たちは落胆すると、いっそう弱くなってしまいます。そして、自分の過ちについて深く考えると悲しくなり、過ちそのものよりも有害なものとなります。

2.

本当に謙虚な魂は、自分の弱さに少しも驚きません。自分のみじめさを見れば見るほど、神に身をゆだねます。自分が神の助けを必要としているのを見て、神のそばに身を保とうと努めます。私たちは、このふるまいを保たなければなりません。神ご自身、こう告げています。「あなたがなすべきすべてのことを聴かせよう。あなたが歩むべき道を教えよう。あなたを導くため、私は絶えずあなたに目を配ろう」（詩篇三一篇一〇節［三二篇八節］）。

第19章 散漫と誘惑

1. 気が散ったり、誘惑に陥ったりしたとき、正面から闘うべきではありません。その方法では、それらを逆に増長させ、魂が神に密着している状態から引き離してしまうでしょう。神が、魂全体を占めるようにしなければなりません。ただ単純に、そこから目を背け、少しずつ神へと近づかなければなりません。それはちょうど、小さな子どもが怖いものを見たとき、いたずらに立ち向かったりせず、それを見つめることさえせずに、母親の胸にそっと身をうずめ、安心するのと同じです。「神は都の中にいまし、都は決して揺らがない。夜明けから神は都を守られる」（詩篇四五篇五節［四六篇六節］）。

2.

そうでないと、私たちは弱いので、敵を攻撃しようとして、完敗ではないにしても、しばしば傷を負ってしまいます。そうではなく、ただ単純に、神の現存のうちにとどまっていれば、すぐに力を与えられます。これがダヴィデのふるまいでした。「主がいつも目の前にいまし、私は揺るがない。だからわが心は喜びのうちにあり、わが肉は安心のうちにとどまる」（詩篇一五〔一六〕篇八－九節）。『出エジプト記』（一四章一四節）ではこう言われています。「主があなたがたのために戦われる。あなたがたは休んでいなさい」。

第20章 祈り

1. 祈りは祈禱であり、犠牲でなければなりません。聖ヨハネの証言によれば、祈禱はお香であり、その煙は神のもとに立ち昇ります。それゆえ『黙示録』では、「天使が香炉をもっていた。そこには聖なる者たちの祈りの芳香があった」（八章三節）と言われているのです。祈りは神の御前《みまえ》に心を吐露することです。「私は主の御前に心を吐露しておりました」（サムエル記上一章一五節）と、サムエルの母は言いました。ですから、馬小屋における東方の三博士の祈りは、彼らが献げたお香によって表されたのです。

2. 祈りとは、愛の熱気にほかなりません。魂を溶解し、希薄化し、神のもとまで立ち昇らせます。祈りは溶解するにつれて、香りを放ちますが、その香りは魂を燃え立たせる愛から来ています。それこそ、花嫁がこう言って表現していたことです。「愛する人が臥所《ふしど》にいたとき、私のナルドは匂い立ちました」（雅歌一章一二節）。臥所とは魂の奥底のことです。神がそこにおられるとき、そして人が神のもとにとどまり、神の前に身を保つことができるとき、こうした神の現存が少しずつ魂の硬さを溶解し、溶けながら魂は匂いを放ちます。ですから花婿は、花嫁が「愛する人に話しかけられると、すぐに溶けてしまった」（雅歌五章六節）のを見、「香のかすかな煙のように、砂漠から立ち昇るのは誰か？」（雅歌三章六節）と言ったのです。

3.

魂はこのようにして、神のもとへ立ち昇ります。しかしそのためには、愛の力によって自己が破壊され、無化されるにまかせなければなりません。それがキリスト教に不可欠な犠牲の状態です。この状態をとおして、魂は自己が破壊され、無化されるにまかせ、神の至上権に敬意を表するのです。そのため、こう言われています。「偉大な方は神しかいない。神はへりくだる者たちからしかたたえられない」（シラ書三章二一［二〇］節）。このように、私たちの存在を破壊することで、至高存在なる神への信仰を表明することになります。御言葉の霊が、私たちの中で生きるようにするためには、存在することをやめなければなりません。御言葉の霊がやってきたら、私たちの生をゆだね、自己を捨て、霊ご自身が私たちの中で生きるようにしなければなりません。

祭壇のご聖体のうちにおられるイエス・キリストは、神秘的状態の模範です。司祭の言葉によってキリストが祭壇にいらしたら、パンの実体はキリストに場所を譲り、単なる属性しか残らないようにしなければなりません。同様に私たちも、私たちの存在をイエス・キリストの存在に譲り渡し、生きることをやめて、キリストが私たちの中で生きるようにしなければなりません。「私たちは死に、私たちの命はキリストとともに神のうちに隠されているのです」（コロサイ三章三節）。「あなたがたみな、私を熱心に求める者たちよ、私のもとに来なさい」（シラ書二四章二六［一九］節）と神はおっしゃいました。どのようにして神のもとへ行くのでしょう？ 自己を脱し、神の中に自己を消し去らなければ、神のもとへ行くことはできません。それは、自己を無とすることによってしか実現されません。それは、真の祈りであり、「誉れと栄光と力をとこしえに」（黙示録五章一三節）神に帰する祈りなのです。

4. この祈りは、真の祈りです。それは、「霊と真理において父を礼拝する」（ヨハネ四章二三節）ことです。「霊において」というのは、私たちは霊によって、人間的で肉的な行動様式から引き出され、私たちの中で祈ってくださる霊の清浄さの中に入っていくからです。「真理において」というのは、魂は真理によって、全なる神の真理、無なる被造物の真理のうちに置かれるからです。全か無か、この二つの真理しかありません。それ以外のものは偽りです。私たちは、自己を無とすることによってしか、全なる神をたたえることはできません。私たちが自己を無とするや、虚無を満たさずにはいられない神は、ご自分で私たちを満たしてくださるのです。

おお、もしこの祈りから、私たちに返ってくる幸福を知っていたら、ほかのことをしたいとは思わないでしょう。それは「高価な真珠」、「隠された宝」（マタイ一三章四四－四五節）です。見つけた人は、それを買うために、もっているものすべてを喜んで売り払います。それは、「生きた水の流れが永遠の命にいたるまで湧きあがる」（ヨハネ四章一四節）ことであり、「霊と真理において神を礼拝する」（ヨハネ四章二三節）ことです。それは、福音書のもっとも純粋な教えを実践することです。

5. イエス・キリストは、「神の国は私たちのうちにある」（ルカ一七章二一節）と保証してはいませんか？　神の国はふたとおりに理解されます。ひとつめは、神が私たちをすっかり支配し、神に抵抗するものがもはや何もなくなると、私たちの内面が本当に、神の王国となるという意味です。もうひとつは、至高善なる神を所有することで、神の王国を所有するという意味です。神の王国は至福の極みであり、私たちはそのために造られました。ですから、「神に仕えることは治めること[14]」と言われているのです。私たちが造られた目的は、この世から神を享受するためなのですが、人はそう思っていません。

(14) 出典は記されていないが、リヨンの聖イレネ（エイレナイオス）の祝日（六月二八日）の聖体拝領後の祈りにこの言葉がある（ドミニック・トロンによる校訂版註、一〇七頁）。

第21章

人はこの祈りによって、ほかの祈りよりも力強く崇高に活動すること

1.

祈りにおける沈黙、という話を聞くと、「魂は愚鈍で死んだような、活動のない状態にとどまる」と、誤って思いこんでいる人がいます。そうではありません。魂はたしかにより高貴に、より力強く活動します。魂は神の霊によって動かされ、活動するのです。聖パウロは私たちが「神の霊によって動かされる」(ローマ八章一四節)がままになることを望みました。

活動してはいけないということではなく、恩寵の動きに依存して活動しなければならないということです。そのことは、エゼキエル書に見事に表現されています。この預言者は、「命の霊をもつ車輪」を見ました。「その車輪は、霊が導くところへ進んでいた。動かされるままに、昇ったり降りたりしていた。なぜなら、命の霊は車輪の中にあったからである。

しかし、車輪は決して後退しなかった」（エゼキエル書一章一七、二〇節）。魂もこのようでなければなりません。自分の中にある、命を与える霊によって動かされるままになり、霊によって活動します。霊の動きに従い、ほかの動きには従いません。この動きは、魂を決して後退させません。被造物や自分自身のほうへ後戻りさせず、常に前進させ、目的に向かって絶えず進ませます。

2.

魂のこの活動は、休息に満ちた活動です。魂は自ら活動するとき、その活動には苦労が伴います。そのため、自分の活動をよりはっきり見分けます。ところが、恩寵の霊に依存して活動すると、活動はとても自由で、快適で、自然なものであるため、活動していないように感じます。「主は私を愛されたため、私を広いところへ連れ出し、私を救われた」（詩篇一七［一八］篇二〇節）。

魂が中心に傾斜するや、つまり潜心によって自己の内部に向きを変えるや、そのときから魂は強力な活動のうちにあり、それは、魂を引き寄せる中心へと向かう魂の疾走となります。そしてそれは、ほかのあらゆる活動の速さをはるかに超える速さであり、中心に向かう傾斜の速さに匹敵するものは何もありません。ですから、それは活動であり、しかし非常に高貴で、平安で静かな活動であるため、魂には活動していないように感じられます。

なぜなら、魂はごく自然に活動しているからです。中速度で動く車輪ははっきり見分けられますが、車輪が高速で進むと、もう何も見分けることができません。神のもとで休息のうちにとどまっている魂は、きわめて高貴で高度な活動をしていますが、とても平安な活動です。平安のうちにいればいるほど、速く走ります。なぜなら魂は、自らを動かし駆り立てる霊に身をゆだねているからです。

3.

この霊とは、神にほかなりません。神ご自身が私たちを引き寄せ、引き寄せながら神のもとへと走らせます。神を愛するおとめはそのことをよく知っていました。「私を引き寄せてください。私たちは駆けて行きます」（雅歌一章三［四］節）。おお、わが中心なる神よ、私のもっとも深いところで私を引き寄せてください。この引力によって、わが力と感覚はあなたのもとへ駆けて行くでしょう。この唯一なる引力は、魂を癒し、引き寄せる香油です。おとめは言いました。「あなたの香油の香りのもとへ、私たちは駆けて行きます」（雅歌一章三［四］節）。それはとても強力な引力ですが、魂はまったく自由に従います。強力でありながら優しく、その力によって引き寄せ、優しさによって奪います。花嫁は言います。「私を引き寄せてください。私たちは駆けて行きます」。彼女は自分のことを語り、自分に語りかけています。「引き寄せてください」。これこそ、引き寄せられる中心の合一です。「私たちは駆けて行きます」。これが、魂の奥底の引力に従うあらゆる力と感覚の連結であり、疾走なのです。

4. ですから、魂は無為にとどまっているのではなく、私たちに命を吹きこむ神の霊に依存して行動しているのです。なぜなら、「私たちは神のうちに、神によって、生き、動き、存在する」（使徒言行録一七章二八節）からです。このように神の霊に依存することは絶対に必要です。神の霊に依存することで、魂はまもなく単純さと単一性に到達します。この単純さと単一性の中で魂は造られたのです。魂は神のように、単一の単純なものとして造られました。ですから、創造の目的に達するためには、私たちの活動の複雑さから離れ、神の単純さと単一性の中に入っていかなければなりません。「私たちは神の姿に似せて造られた」（創世記一章二七節）のです。「神の霊は単一でありながら多様であり」（知恵の書七章二二節）、神の単一性は神の多様性を妨げません。私たちは神の霊と結合すると、神と一体になります。私たちは神とともに、同じ霊をもつのです。私たちは外部でさまざまな活動を行いますが、神のご意向のうちにあり、合一から離れることはありません。その結果、神はかぎりなく働きかけ、私たちは神の霊に突き動かされ、自らの活動によるよりも、はるかに多く活動します。私たちは知恵によって導かれるままにならなければなりません。「この知恵は、もっとも活動的なものよりも活動的です」(知恵の書七章二四節)。ですから、霊の活動に依存した状態にとどまりましょう。そうすれば、私たちは力強く活動するようになるでしょう。

5. 「万物は御言葉《みことば》によって造られた。御言葉なしに造られたものは何もなかった」(ヨハネ一章三節)。神は私たちを造られたとき、ご自分の姿に似せて造られました。神はあの「命の息」(創世記二章七節)によって、私たちに御言葉の霊を吹きこみました。神が私たちにこの命の息を吹きこんだとき、私たちは神に似せて造られ、そこには父のかたどりである御言葉の命が参与していました。この命は内部において単一で、単純で、純粋で、常に豊饒です。悪魔はその罪によって、この美しいかたどりを損ない、歪めてしまいました。私たちが造られたとき、その霊を吹きこまれたのと同じ御言葉が、このかたどりを修復するためにやってこなければなりませんでした。修復しにくるのは御言葉でなければなりませんでした。なぜなら、御言葉はその父のかたどりであり、そのかたどりは活動することで修復されるのではなく、修復したい方の活動を吹きこむことによって修復されるからです。

私たちの活動は、神の活動を受け入れる状態に身を置き、御言葉が私たちの中にその姿を描き直せるようにすることでなければなりません。像が動き回ると、画家は絵を写しとることができません。私たちが自分の考えで行うすべての動きは、このすばらしい画家が働くのを妨げ、誤った線を引かせてしまいます。ですから、平安のうちにとどまり、この画家が私たちを動かすときにだけ動くようにしなければなりません。それはダヴィデが感じ、実践したことでした。「あなたから受けとる正義の中で、私はあなたの御顔《みかお》を見つめます。あなたの御姿《みすがた》が私の中で一新されると、私は満たされます」（詩篇一六篇一七節［一七篇一五節］）。「イエス・キリストはご自分のうちに命をもっています」（ヨハネ五章二六節）。そしてキリストは、すべてのものに命を伝えなければなりません。

神の動きを伝える霊は、教会の霊です。教会が無為で、不毛で、実を結ばないなどということがあるでしょうか？　教会は活動しますが、教会を動かし支配する神の霊に依存して活動するのです。教会の霊は、教会の中にいる構成員においても、別のものであるはずがありません。ですから、教会の構成員が教会の霊の中にあるためには、神の動きを伝える霊の中にいなければなりません。

6.

この活動がより高貴なものであることは、疑いの余地がありません。たしかに、ものごとが価値をもつのは、その起源となる原則が、高貴で、偉大で、気高いものなのであるかぎりにおいてです。神聖なる原則によってなされた活動は、神聖なる活動です。被造物の活動は、いかによいものに思われようと、人間の活動です。せいぜい、恩寵とともになされるとき、徳の高い活動となるにすぎません。

イエス・キリストは、ご自分のうちに命をもっていると言いました。その他すべての存在は、借りものの命をもっているにすぎません。御言葉がキリストの中で命をもっているのです。キリストは本質的に自らを伝える存在であり、命を人間に伝えようと欲していまず。ですからこの命が、私たちの中に流れ入るようにしなければなりません。それは、アダムの命と私たち固有の活動を排し、捨て去ることによってしか生じえません。聖パウロがこう断言しています。「もし人がイエス・キリストのうちにあるなら、その人は新たに造られた者なのである。古いものはすべて過ぎ去り、すべてが新しくなった」（二コリント五章一七節）。このことは私たちが自己を消し、固有の活動を消し去ることによってしか起こりえません。そうすることで、神の活動に置き換えられるのです。

活動しないようにというのではなく、ただ神の霊に依存して活動し、神の霊の活動が人間の活動に取って代わるようにするということです。それは、人間の同意がなければできません。また、この同意を与えるには、自らの活動を抑えなければなりません。そうすることで少しずつ、神の活動が人間の活動に取って代わるようになります。

7.

イエス・キリストは、福音書の聖マルタと聖マリア[15]の場面で、このふるまいを私たちに示しています。マルタはよいことをしていましたが、それを自分の心でしていたために、イエス・キリストは彼女をたしなめました。人の心は騒がしく落ち着きません。そのため、多くのことをしているように見えても、少しのことしかしていません。イエス・キリストは言いました。「マルタ、マルタ、あなたは多くのことに急ぎ、心を乱している。必要なことはただひとつである。この必要なことをマリアは選んだ。マリアは最良の部分を選んだ。それが取り去られることはない」（ルカ一〇章四一－四二節）。マリアは何を選んだのでしょう？　平和、静けさ、休息です[16]。一見、彼女は活動をやめていますが、それはイエス・キリストの霊によって動かされるためです。彼女は生きることをやめ、イエス・キリストが自分のうちで生きるようにしているのです。

ですから、イエス・キリストに従うためには、自己を捨てること、自分固有の働きを捨てることがぜひとも必要です。なぜなら私たちは、イエス・キリストの霊に命を吹きこまれなければ、キリストに従うことはできないからです。イエス・キリストの霊が私たちのもとにやってくるには、私たちの霊がキリストの霊に場所を譲らなければなりません。「主とつながるものは誰でも、主とともに同じひとつの霊となるのである」（一コリント六章一七節）と、聖パウロは言っています。ダヴィデも「神とつながり、神にすべての希望をおくのがよい」（詩篇七二［七三］篇二八節）と言いました。このつながりとは何でしょう？ これが合一のはじまりです。

8. 合一がはじまり、継続し、完了し、成し遂げられます。合一のはじまりは神への傾斜です。先に述べた方法で、魂が自己の内部に向きを変えると、魂は中心へと傾斜し、合一への強い傾向をもつようになります。この傾向がはじまりとなります。それから魂は、神によりいっそう近づき、神とつながり、神と合一します。すると、魂は神とひとつになり、同じひとつの霊になります。そのとき、神から出たこの霊は、その目的地に帰るのです。

9. ですからぜひとも、この道に入らなければなりません。それは神的働きであり、イエス・キリストの霊なのです。聖パウロは、「イエス・キリストの霊をもつのでな

（15）ギュイヨン夫人はルカ福音書引用のこの箇所で、マルタの姉妹のマリアを「聖マドレーヌ」と呼び、マグダラのマリアと同一視している。ギュイヨン夫人の生涯において、マグダラのマリアの祝日に重要な出来事が何度か起こっており、ギュイヨン夫人にとって特別な聖女であったが、内的祈りの人とみなし、模範にしていたことがわかる。ここで出てくる「マドレーヌ」は「マリア」と訳した。

（16）フランソワ・ド・サル『神愛論』第六巻八章。

ければ、誰もキリストのものではない」（ローマ八章九節）と言いました。ですから、イエス・キリストのものとなるためには、キリストの霊に満たされ、自分自身の霊を空にしなければなりません。私たちの霊は立ち退かなければなりません。聖パウロは同じ箇所で、この神的働きの必要性を示しています。「神の霊によって駆り立てられる者はみな、神の子なのです」（ローマ八章一四節）。ですから、私たちを神の子とする霊は神的働きの霊なのです。それゆえ、聖パウロはこうつづけています。「あなたがたが受けた霊は、あなたがたを恐れのうちに生きさせる奴隷の霊ではありません。そうではなく、神の子とする霊です。その霊をとおして、私たちは〈アッバ、われらの父よ〉と叫ぶのです」（ローマ八章一五節）。この霊とは、イエス・キリストの霊にほかならず、キリストの霊をとおして、私たちは神を父とする関係に参与するのです。「そしてこの霊自身が、私たちが神の子であることを証《あか》しするのです」（ローマ八章一六節）。

魂は自らの動きを神の霊にまかせるや、自分が神の子であるという証しを心のうちに感じます。この証しは魂を喜びで満たし、「魂が神の子の自由に呼ばれている」こと、「魂が受けとった霊は奴隷の霊ではなく、自由の霊である」(17)ことを、よりよく理解させてくれます。魂はそのとき、自由に、そして心地よく活動しているのを感じますが、力強く確実に活動しているのです。

10. 神的働きの霊は、あらゆることに必要です。聖パウロは、同じ箇所でこの必要性を断言し、その根拠は、私たちが何を願うべきか知らないためであるとしています。「霊は私たちの弱さを助けてくれます。なぜなら私たちは何を願うべきかを知らず、どのように願うべきかも知らないからです。しかし霊自らが、えもいわれぬうめきをもって私たちのために願ってくれるのです」（ローマ八章二六節）。これはたしかなことです。もし私たちが自分に何が必要かを知らず、自分たちに必要なものをしかるべく願うこともできないとしたら、そして、私たちの中におられ、私たちがその動きに身をゆだねている霊が、私たちのために願ってくださるとしたら、霊がなさるにまかせるべきではないでしょうか？ 霊は、えもいわれぬうめきをもって願ってくださるのです。

この霊は御言葉の霊であり、その願いはいつも聞き入れられます。キリストご自身、こう言っています。「あなたがいつも私の願いを聞き入れてくださることを私は知っています」（ヨハネ一一章四二節）。私たちの中におられる霊が願い、祈ってくださるのにまかせれば、私たちはいつも聞き入れられるでしょう。なぜそうなのでしょう？ 神秘的博士であり、内的生活の先生である偉大な使徒よ、私たちに教えてください。聖パウロはこう付

(17) 出典なし。ローマ八章一五、二一節。

け加えています。「人の心を測るお方は、霊が求めるものを知っておられます。なぜなら霊は、神に従って、聖なる者たちのために願ってくださるからです」（ローマ八章二七節）。つまりこの霊は、神のご意向に適うことしか願いません。神のご意向とは、私たちが救われ、完全なものとなることです。ですから霊は、私たちの完徳に必要なものを願ってくださるのです。

11. それなのになぜ、余計な心配に打ちのめされているのでしょう？　「休息のうちにとどまろうと言わず、私たちの道の複雑さに疲れている」（イザヤ書五七章一〇節）のでしょう？　神ご自身、心配事はすべて神にまかせて休むようにと、私たちを招いています。そして神は、イザヤ書において、人が魂の力、魂の豊かさ、魂の宝をさまざまな外的事柄に用いていることを、驚くべき善良さで嘆いています。私たちが求める善を享受するために、すべきことはほとんどありません。「あなたを養うことのできないもののために、なぜお金を使うのか、あなたを満たすことができないもののために、なぜ働くのか」と神は言います。「注意して聴きなさい。私が与えるよい糧で身を養いなさい。そうすれば、あなたの魂は潤い、喜びに満たされる」（イザヤ書五五章二節）。

おお、このように神に耳を傾けることの幸福を人が知ったら、魂はどれほど潤うことでしょう！「肉なる者はすべて、主の御前《みまえ》に黙さなければならない」（ゼカリヤ書二章一三節）。主が現れたらただちに、すべてが静まらなければなりません。神は私たちが留保なく神に身をゆだねるようにさせるため、私たちが身をゆだねるとき、何も恐れる必要はないこと、なぜなら神が特別に私たちの世話をしてくださるからであることを、同じイザヤ書の中で保証しています。神は言います。「母親が自分の子どもを忘れることがあろうか？ 胎内に宿した息子をあわれまないことがあろうか？ たとえ母親が子どもを忘れても、私は決してあなたがたを忘れない」（イザヤ書四九章一五節）。おお、慰めに満ちた言葉よ！ このあとで誰が、神の導きに身をまかせることを恐れるでしょう？

第22章 行為

1. 行為[18]には、外的行為と内的行為があります。外的行為は外に見える行為のことで、その行為の善意も悪意も、それが発する内的原理に基づいています。私がお話ししたいのは外的行為のことではなく、内的行為のことです。内的行為は魂の活動であり、遠ざかっているひとつの対象へと向かわせます。

2. もし人が神のほうへ向きを変えながら、ある行為をしようとすると、神から遠ざかってしまい、行為の強さに応じて、多かれ少なかれ被造物のほうへ向かってしま

(18) 原文は « acte »。「行為」のほかに、「信心業」、「祈り」も意味する。

います。被造物のほうへ向かったときは、その被造物から遠ざかり、神のほうへ向かうために、ある行為をしなければなりません。その行為が完璧であればあるほど、回心[19]は完全なものとなります。

完全に回心がなされるまで、神のほうへ向かうために、いくつもの行為を必要とします。ある人々はそれを一気に行い、別の人々は少しずつ行います。その行為は、自分を神のほうへ向かわせるものでなければならず、神のために魂の全力を使います。賢者の助言にこうあります。「神の聖性の中に心の動きのすべてを集めなさい」（シラ書三〇章二四節）[20]。ダヴィデも、「あなたのためにすべての力をとっておきます」（詩篇五八［五九］篇一〇節）と言っています。それは、自分の中に力強く回帰することでなされ、聖書でも「あなたの心に帰りなさい」（イザヤ書四六章八節）と言われています。

なぜなら、私たちは罪のゆえに、心から遠ざかっているからです。ですから神は、私たちの心だけを求め、「わが子よ、あなたの心を私にゆだねなさい。あなたの目がいつも私の道につなぎとめられているように」（箴言二三章二六節）と言ったのです。心を神にゆだねること、それは、神のご意向に従うため、魂のまなざしと力と活力を絶えず神につなぎとめることです。行為とはこのようなものであり、私たちを神のほうへと向かわせます。ですから、心が神につながれたら、神のほうを向いたままとどまらなければなりません。

しかし、人の心は軽薄で、魂は外に向かうことが習慣となっているため、すぐに気が散り、向きを変えてしまいます。外部のことに気が逸れたのを感じたらすぐに、神のほうへ回帰し、神のほうへ向き直らなければなりません。単純で誠実な回帰によって神のほうへ向き直ると、方向転換がつづくかぎり、この行為は持続します。

3. 行為が繰り返されると習慣となるように、魂は神へと向かう習慣をもつようになり、その行為はやがて習慣的なものとなります。この行為をしようと骨折る必要はありません。なぜならそれは持続するからです。それに、この行為をしようとしても、とても大きな困難にぶつかるだけです。そうしようとすると、かえってこの状態から身を引き離してしまうため、決してしてはいけません。なぜなら、この行為は習慣として持続し、そのとき魂は、神への回帰と習慣的な愛の中にあるからです。人は、ある行為を別の行為をとおして探し求めますが、そうではなく、単純なひとつの行為をとおして、神のみにつなぎとめられた状態にとどまればよいのです。

(19)「回心」(conversion)とは、神のほうへ向きを変え、神のもとに回帰すること(第一一章)。
(20)ウルガタ版とサシー版ではシラ書三〇章二四節であり、一致しているが、バルバロ訳、新共同訳とは一致しない。

ときおり、このような行為を明確に、しかも単純に行うことが容易になっていることに気づくことでしょう。これこそ、向きを変えたしるしです。そこから遠ざかってしまったら、自分の心に立ち戻ってください。心の中に入ったら、休息のうちにとどまってください。行為をすることは必要ないと思うのは誤りです。なぜなら、私たちは常に、各自の段階に応じて行為をしているからです。

4. この点は、大部分の人にとって理解できず、困難が生じる箇所です。この点を明らかにするには、形式的行為と、本質的行為とがあること[21]、直接的行為と、熟慮された行為とがあることを知らなければなりません。誰もが形式的行為をできるわけではなく、誰もが本質的行為をできる状態にあるわけではありません。形式的行為は、神への道から逸れている人々によってなされなければなりません。どれだけ遠ざかっていたかに応じて、力強い、はっきり見分けられる行為によって向きを変えなければなりません。軽い回り道であれば、もっとも単純な行為で十分です。

5. 本質的行為とは、ある直接的行為によって、魂がすっかり神のほうへ向けられている状態を指します。中断されないかぎり、その行為はやり直されることなく、持続します。魂はこのように神に向けられていると、愛の中にあり、そこにとどまります。「愛にとどまる者は、神のうちにとどまるのです」（一ヨハネ四章一六節）。そのとき魂は、本質的行為の習慣の中にあり、この行為の中で休息しています。

しかし、この休息は無為なものではありません。なぜならそのとき、ある行為が絶えず持続しているからです。それは神の中への沈潜であり、そこで神は、絶えずより強く魂を引き寄せます。この強く引き寄せる力に従って、魂は神の愛と愛徳のうちにとどまり、この愛の中によりいっそう沈潜していきます。そして魂は、はるかに強く、激しく、急速な行為をするようになります。それは、回帰を生み出すだけの行為より、はるかに強いものです。

6. この深く、力強い行為の中にある魂は、神のほうへすっかり向きを変えており、その行為にまったく気づきません。なぜなら、その行為は直接的で、熟慮されたものではないからです。そのため、うまく自分の状態を説明できずに、「私は何の行為もしていない」と言ってしまいます。しかしそれは間違いです。これまで、これほどすばらしく、

(21) ここで何度か用いられる「形式的行為」と「本質的行為」という表現は、第二版で「一時的行為」と「継続的行為」に修正されている。

これほど活発に行為をしたことはありませんでした。「私は行為をしていない」ではなく、「私はもはや行為を見分けることができない」と言うべきです。

魂はその行為を自分自身で行っているのではありません。それは認めます。しかし、この人は引き寄せられており、引き寄せるものに従っているのです。愛はその人を沈潜させる重さであり、それはちょうど、人が海に落ちると、海の中に沈み、もし海が無限に深かったら、どこまでも沈んでいくのと同じです。魂はこの沈潜に気づくことなく、信じられない速さで、もっとも深いところまで降りていきます。

ですから、行為をしていないという言い方は適切ではありません。みな行為をしていますが、みなが同じ仕方でするわけではありません。行為をしなければならないと聞き、知っている人がみな、明確に知覚できる行為を実践しようとするところから誤りが生じています。そうではありません。知覚可能な行為は初心者のためのものであり、そうでない行為はより進んだ魂のためのものだからです。弱く、進みの遅い最初の行為にとどまることは、最後の行為をあきらめることです。しかし、最初の行為をとおらずに、最後の行為をしたいと望むこともまた誤りです。

7. 「何事もそれぞれの時に行われる」（コヘレト三章一節）べきです。それぞれの状態にはじめがあり、前進があり、終わりがあります。いつもはじめの段階でやめようと思ってしまっては実行できません。どんな技術にも前進の過程があります。はじめは努力して働かなければなりません。しかしそのあとは、自らの働きの実りを享受することでしょう。

船が港にあるとき、船乗りたちは全力でオールを漕ぎ、港から船を引き離し、沖に出さなければなりません。しかしそのあとは、進みたい方向へたやすく向きを変えることができます。同じように、魂がまだ罪の中、被造物の中にあるとき、大いに努力して魂をそこから引き出し、魂をつないでいる綱を解かなければなりません。それから力強く、勢いよくオールを漕ぎ、魂を内部に引き寄せようと努め、少しずつ自分自身の港から遠ざからなければなりません。遠ざかりながら、自分が旅したい場所である内部へと向きを変えます。

8. 船はこのように向きを変えると、海上を進むにつれて、陸から遠ざかります。陸から遠ざかれば遠ざかるほど、船を進めるのに努力はいらなくなります。やがて、とても穏やかに漕ぎはじめます。船は陸から遠く離れたので、オールを漕ぐ必要はなくなり、漕ぐのをやめなければなりません。そのとき船頭は何をしているでしょう？　帆を広げ、舵《かじ》を握っているだけで満足しています。

帆を広げること、それは、神の前に単純に身をさらして祈り、神の霊によって動かされることです。舵を握ること、それは私たちの心が正しい道から逸れるのを避けることです。それは穏やかに船を漕ぎ、少しずつ心を占めていく神の霊の動きに従って船を導きます。それはちょうど、風が少しずつ帆をふくらまし、船を押し進めるのと似ています。船が追い風に乗ると、船頭と船乗りたちは仕事を休みます。彼らが疲れることなしに、船は進んでいませんか？　こうして彼らは休息し、船を風にまかせながら、一時間で、彼らが最初の努力全体で進んだよりももっと多くの道を進みます。もし彼らがそのとき船を漕ごうとしたら、疲れ切ってしまうだけでなく、その努力は無駄となり、船を遅らせてしまうことでしょう。

これこそ、私たちが内面で保たなければならないふるまいです。ほかの方法でたくさん努力をしてするよりも、このように行動すれば、神の働きかけによってわずかな時間で前進します。この道をお取りになれば、これこそ世にもたやすい道だとわかるでしょう。

9.

逆風が吹き、風や嵐が激しいときには、船を止めるために海に錨《いかり》を降ろさなければなりません。錨とは、神への信頼と、善良なる神への希望にほかなりません。忍耐強く、静寂と凪《なぎ》を待ち、順風が戻るのを待ちます。ダヴィデはこのようにふるまいました。

「私は大いなる忍耐をもって主を待った。そして主はついに私のほうに身を傾けた」（詩篇三九篇一節〔四〇篇二節〕）。ですから、神の霊に身をゆだね、その動きに導かれるにまかせなければなりません。

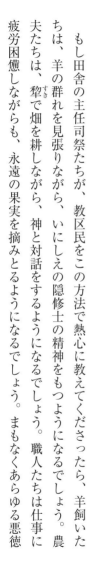

第23章 牧者と説教者への忠告

1.

もし魂の獲得のために働く人がみな、人々をまず祈りと内的生活に引き入れ、彼らの心を捕らえるよう努めるなら、多くの人を永続的な回心に導くことでしょう。人々の魂をイエス・キリストに引き寄せ、彼らの心をキリストで満たす代わりに、外側にしか手をつけず、ただ外的実践のための幾多の教えを詰めこんでいるかぎり、ほとんど実りはなく、長つづきしないでしょう。

もし田舎の主任司祭たちが、教区民をこの方法で熱心に教えてくださったら、羊飼いたちは、羊の群れを見張りながら、いにしえの隠修士の精神をもつようになるでしょう。農夫たちは、犂《すき》で畑を耕しながら、神と対話をするようになるでしょう。職人たちは仕事に疲労困憊しながらも、永遠の果実を摘みとるようになるでしょう。まもなくあらゆる悪徳が追い払われ、すべての教区民が霊的になることでしょう。

2. おお、心が得られれば、ほかのものはすべて容易に改善されるのです！ そのため神はとくに心を求めるのです。ただこれだけの方法で、田舎の人々によく見られる飲酒癖、冒瀆、卑猥さ、敵意、盗みが断ち切られることでしょう。いたるところ、イエス・キリストが平和に君臨し、教会の様相はあらゆる場所で一新されることでしょう。

異端が世に入ってきたのは、内面が失われたためです。内面が回復されれば、異端はまもなく消え去るでしょう。誤りが魂を奪うのは、信仰と祈りが足りないためです。もし私たちが、道に迷った兄弟たちと口論する代わりに、素朴に信じ、祈ることを教えるなら、彼らを穏やかに神のもとへ連れ戻すことができるでしょう。

おお、内面をなおざりにすることで、何と多くの魂が失われていることでしょう！ 魂の責任を負っている方々は、彼らが言葉の任務で奉仕するすべての人にこの隠された宝を明かさなかったために、どのような報告を神にしなければならないことでしょう！

3. この道には危険があるとか、単純な人々には霊のことがらは不可能であると言って、言い訳をする人がいます。真理の言葉は逆のことを請け合っています。「主は単純に歩む人々に愛情を注ぐ」（箴言一一章二〇節）。イエス・キリストという唯一の道を歩むこと、キリストに身をゆだねること、キリストを絶えず見つめ、その恩寵に全信頼を置き、このうえなく純粋なキリストの愛に全力で向かうことに、いったいどのような危険がありうるのでしょう？

4. 単純な人々は、この完成が不可能であるどころか、よりふさわしくさえあるのです。なぜなら、彼らはより従順で、より謙遜で、より無垢であり、理屈をこねず、自分自身の知性に執着していないからです。また、知識がないので、よりたやすく神の霊の動きに身をまかせます。反対に、自分自身の知的能力に邪魔され、盲目になった人々は、神の霊にはるかに強く抵抗します。

それゆえ神は、「小さき者たちにこそ、神の掟を理解する力を与える」（詩篇一一八［一一九］篇一三〇節）と告げています。さらに神は「単純な者たちと親しく語る」（箴言三章三二節）ことを好むと言います。「主は単純な者を守る。私が窮地に追いやられたとき、主は私を救った」（詩篇一一四［一一六］篇六節）のです。魂の父たちよ、小さな子どもたちがイエス・キリストのもとに行くのを妨げないでください。キリストは使徒たちに言いました。「小さな子どもたちを来させなさい。なぜなら、天の国は彼らのものだからである」（マタイ一九章一四節）。イエス・キリストが使徒たちにこう言ったのは、子どもたちがキリストのもとに来るのを妨げようとしたからにほかなりません。

5.

人はしばしば、体に薬を塗りますが、病は心にあるのです。男性の方々、とりわけ労働者の行いを改めさせることにほとんど成功しない理由は、外側から取りかかるからであり、また外側からできることはすべて、すぐに消え去ってしまうからです。しかしまず、内面の鍵を彼らに与えるようにすれば、外側はひとりでに改良されるでしょう。そしてそれは、とてもたやすいことです。心の中に神を探し、神のことを考え、気が散ったら神のもとに帰ること。神を喜ばせようという意図ですべてを行い、すべてを耐え忍ぶよう彼らに教えること。これこそ、彼らをあらゆる恵みの源泉に専念させ、彼らの聖化に必要なすべてのものをそこに見出させることになるのです。

6.

おお、魂に奉仕するすべての方々よ、どうかイエス・キリストそのものであるこの道に、彼らをまず導いてください。キリストは、これらの魂のために流した血によってそのことを願っており、これらの魂はあなたがたに託されています。「エルサレムの心に語りかけよ」（イザヤ書四〇章二節）と言われています。おお、キリストの恩寵の分配者たちよ、キリストの言葉の説教者たちよ、キリストの秘跡を司る者たちよ！　キリストの王国を打ち立ててください。キリストの王国を真に打ち立てるため、その王国を彼らの心に行きわたらせてください。なぜなら、キリストの王国に反抗しうるのは心のみであり、人がキリストの至上権をもっともたたえるのは、服従の心によってだからです。「神の聖性を賛美しなさい。そうすれば神はあなたの聖なる方となるだろう」（イザヤ書八章一三―一四節）。祈りの仕方を教えるために特別な公教要理を行ってください。理性や方法による祈りではなく（単純な人々にはそのような祈りはできません）、心の祈りであり、頭の祈りではありません。神の霊の祈りであり、人間が作った祈りではありません。

7. ああ！　人は考え抜かれた祈りをしたがります。また、祈りを整えようとしすぎて、祈りを不可能なものにしています。あまりに丁寧な言葉を教えようとして、子どもたちを最良の父から引き離しています。あわれな子どもたちよ、自然な言葉で天の父に話をしに行きなさい。その言葉がどれほど粗野で無作法であろうと、天の父にとっては、まったくそうではないのです。父というのは、考え抜かれた無味乾燥な長広舌よりも、愛と尊敬ゆえに混乱した言葉のほうを愛するものです。なぜなら、その言葉が心から出ていることがわかっているからです。おお、愛のこもったまなざしは、どれほど父を喜ばせることでしょう。そのまなざしは、あらゆる言葉、あらゆる理屈よりも、はるかに多くのものを表現するのです。

8.

愛そのものである方を愛するのに、方法を用いて学ぼうとしたために、この愛を失ってしまいました。おお、愛する技術を学ぶ必要などありません。愛の言葉は、愛していない人には粗野なものですが、愛する人にはごく自然なものです。ただ神を愛することによってこそ、何よりもよく神を愛することを学ぶのです。この務めにおいてはしばしば、もっとも粗野な人が、もっとも器用な人となります。なぜなら彼らはより単純に、より心をこめてそこに向かうからです。神の霊は、私たちの側の調整を必要としません。神の霊は、望むときに羊飼いを預言者にします。人が思いこんでいるように、祈りの宮殿を誰かに対して閉ざしているどころか、すべての扉をすべての人に開いています。「知恵」は、公の場でこう叫ぶよう命じています。「単純な者は誰でも私のもとに来なさい」。分別のない者たちにはこう言いました。「来なさい。私が与えるパンを食べなさい。私が調えたワインを飲みなさい」（箴言九章四―五節）。イエス・キリストは、天の父が「知恵ある者には神秘を隠し、小さき者たちに明かした」（マタイ一一章二五節）ことに感謝していないでしょうか？

第24章 神とのもっとも確実な合一にいたるための方法

1.

黙想の道のみをとおって、神との合一にいたることはできません。理由はいくつもありますが、そのいくつかの理由を述べましょう。第一に、聖書によれば「生きている人間は、神を見ることができない」、あるいは「神を見て、生きていることはできない」(出エジプト記三三章二〇節)からです。言説による祈りの実践、あるいは能動的観想の実践でさえ、それが受動的状態に身を置くためではなく、目的とみなされる場合、生きた実践となります。私たちは、この実践をとおして神を見ることはできません。つまり、神と合一することはできません。人間から出るもの、人間固有の業から出るものはすべて、それがいかに高貴で気高いものであろうとも、消え去らなければなりません。

聖ヨハネは、「天で大いなる沈黙が起こった」(黙示録八章一節)と伝えています。天は、魂の奥底と中心を表しており、神の威厳が現れるときには、すべてが沈黙していなければなりません。自分自身の努力や固有性から来るものは、すべて破壊されていなければなりません。なぜなら、人間の固有性ほど神と対立するものはないからです。人間の悪意はすべて、この固有性のうちにあり、悪意の源となっています。そのため、魂は自己の固有性を失えば失うほど、純粋になります。自己のうちに生きている魂にとっては欠点になるものが、もはや欠点ではなくなります。なぜなら、神と魂との間に相違を引き起こしていた自己の固有性を失うや、魂は純粋無垢な性質を身に帯びるようになるからです。

2. 第二に、神の純粋さと被造物の不純さ、神の単純さと人間の複雑さほどに対立する二つのものを結合させることができるのは、神しかいないからです。それは被造物の努力では決してなしえません。なぜなら二つのものは、相互に関連し、類似していなければ結合できないからです。不純な金属が、精錬された純度の高い金と決して合金化されないのと同じことです。

3. それでは、神は何をなさるのでしょう? 神はご自分より先に、ご自分の知恵を送ります。それはちょうど地上に火が送られ、その活動によって不純なものすべてを焼き尽くすのと同じです。火はすべてのものを焼き尽くし、その活動に抵抗できるものは何もありません。知恵についても同じことです。知恵は被造物の中にあるあらゆる不純物を焼き尽くし、神との合一に向かわせます。

合一と対立するこの不純物は、固有性と活動です。固有性はまさに不純物の源であり、本質的な純粋性とは決して混じりえないからです。光線が泥に当たることはできても、結合することはできないのと同じことです。活動については、神は無限なる休息のうちにあるため、魂が神と結ばれるには、神の休息にあずかる必要があるからです。休息なしに合一を得ることはできないのは、神との相違のためです。なぜなら、二つのものを結びつけるためには、両者はバランスのとれた休息のうちにならなければならないからです。ですから、魂は自らの意志を休息させることによってしか、神と結ばれることはできません。中心にある休息の中、神の創造の純粋性の中にないかぎり、神と結ばれることはできません。

4.

金《きん》を精錬するために火を使うように、神は魂を浄めるために知恵を使います。たしかに金は、火によってしか精錬することができません。火は地上的なもの、物質的なものすべてを少しずつ焼き尽くし、金から切り離します。金が利用されるためには、土が金に変わるだけでは十分ではありません。さらに、火が金を溶解し、中に残っている異質なもの、地上的なもののすべてを、金の本質から取り出さなければなりません。金は何度も火にかけられて、あらゆる不純物を失い、これ以上純化することができなくなります。金は完全な純度と単一性に達したため、金銀細工師はもはや混合物を見出せず、火はもはやこの金に働きかけることはできません。これ以上純化されず、これ以上最小化できなくなるまで、金は長い間火の中にとどまることになるでしょう。そのとき金は、もっとも優れた作品を作るのに適したものとなるのです。

もし、この金がその後不純になるとしたら、それは異物との接触によって、新たに身に帯びた汚れのためです。しかし、この不純さは表面的なものでしかなく、この金を使うことの妨げにはなりません。それと違い、もう一方の不純さは奥に隠れ、その本質と一体化しています。ところが、そのことを知らない人々は、外側が手垢にまみれた純度の高い金を見て、外側が磨かれた粗雑で不純な金よりも低く評価します。

5. さらに、純度の低い金を純度の高い金と混ぜ合わせることはできないということに気づかれるでしょう。一方が他方の不純度に染まるか、一方が他方の純度に与《くみ》するかしなければなりません。金銀細工師は決して、純金を純度の低い金と混ぜたりはしません。では、彼は何をするのでしょう？　その金に含まれる、地上的混合物のすべてを火によって取り去り、純度の高い金と調和するようにします。それは、聖パウロの書簡で言われていることです。「私たちの業は火にかけられたかのように試され、焼けるものは焼かれるでしょう」。また、こう付け加えられています。「その業が焼かれるのにふさわしいとみなされる人は救われますが、火をくぐり抜けたように救われるでしょう」（一コリント三章一三、一五節）。それは、受け入れられる有用な業があることを意味しています。しかし、その業をなした人がこのように浄められるには、その業が火をくぐり抜け、固有性が取り除かれなければなりません。神が吟味し、私たちの「正義を裁くだろう」（詩篇七四［七五］篇三節）と言われているのはこの意味においてです。「なぜなら人は、律法の業によっては決して聖化されず、神から来る信仰の義によって聖化されるからです」（ローマ三章二〇、二二節）。

6. ですから、人が神と結ばれるためには、神の義を伴う知恵が必要なのです。容赦なく焼き尽くす火が、その人固有のもの、地上的なもの、肉的なもの、活動的なものをすべて魂から取り去るのと同じことです。そうしたものすべてを魂から取り去ったあと、神はこの魂と合一します。それは、被造物の業によっては決してなされません。それどころか、被造物はこのことをしぶしぶ受け入れます。なぜなら人は、自分固有のものを非常に愛し、その固有性が破壊されることを非常に嫌うからです。もし神ご自身が断固としてそれを行うのでなければ、人は決して同意しないでしょう。

7.

それに対し、次のような反論もあるでしょう。神は決して人間から自由を取りあげない、人間はいつでも神に抵抗することができる、だから神が人間の同意なしに絶対的に働きかけるなどと言ってはいけないと。ご説明しましょう。人が完全で全的な自由を得るには、受動的同意を与えるだけで十分です。なぜなら人は、この道のはじめから神に身をゆだね、神が望まれるすべてのことを自分に対し、自分の中で行ってくれるようにと願っており、そのときから、神がなさることに対し、能動的な暗黙の同意を与えていたからです。ところが、神が破壊し、燃やし、浄化するとき、魂にはそれが自分にとって有益であるようには思えず、むしろ反対に思えます。火がはじめは金を汚すように見えるのと同じように、この働きは魂の清らかさを剥ぎ取るように思えます。そのため、もしそのとき能動的で明示的な同意が必要とされると、魂は同意することに苦痛を覚え、また同意しないこともしばしばあるでしょう。魂がするすべてのことは、受動的同意のうちにとどまることであり、自分には妨げることができず、また妨げることを望まないこの働きを、できるかぎり耐え忍ぶことなのです。

8. ですから神は、この魂をあらゆる固有の働きから浄化します。区別され、知覚され、増殖する固有の働きはすべて、神との間に非常に大きな相違を引き起こしますが、神は魂を浄化し、ついにはこの魂を少しずつ、神と合致した、そしてついには同一のものとするにいたります。隠された人知れぬ仕方で、被造物の受動的能力を引きあげ、拡大し、向上させます。それゆえ神秘的と呼ばれているのです。しかし、これらすべての働きかけに対し、魂は受動的に協力しなければなりません。たしかに、魂ははじめ、ここにいたるまでには、より多く働かなければなりません。その後、神の働きかけがより強くなるにつれ、徐々に少しずつ神に場所を譲り、神が完全に吸収し尽くすようにします。この過程は長くつづきます。

9. ですから、一部の人が信じてきたように、活動をとおってはならないと言っているのではありません。それどころか、活動は入り口です。ただし、いつまでもそこにとどまっていてはいけません。人は自己の目的の完成をめざすべきであり、最初の方法を捨て去ることによってしか、完成にいたることはできないからです。最初の方法は、人をこの道に導入するために必要でしたが、もしそこに頑固に執着するなら、目的に達することを妨げ、やがてその人を大いに害することになるでしょう。聖パウロはこのように実行しました。「うしろにあるものは打ち捨て、前進することに努め、わが行程を完遂しようとしています」(フィリピ三章一三節)。

もし誰かが旅行を企てたのに、最初の宿屋にとどまり、それというのも、何人もの人がそこをとおり、幾人かがそこに滞在し、家の主人たちはそこにいると聞いたからという理由だとしたら、その人は分別を失っていると言われないでしょうか? 私たちが魂に望むのは、目的に向かって前進すること、もっとも短く簡単な道をとること、最初の場所に立ち止まっていないことです。聖パウロの助言に従い、霊の動きに身をまかせてください(ローマ八章一四節)。魂が創造されたのは、神を享受するためであり、霊がその目的へと魂を導いてくれるでしょう。

10.

人はただ、この目的のためにのみ造られました。この世において神との合一、創造の純粋さにたどりつかない魂はみな、煉獄で長いこと焼かれ、この純粋さを獲得しなければなりません。そのことを知らないはずはないのに、この世ですでに、神がそこへと導いてくださることに耐えられないというのは奇妙なことです。まるで、栄光の完成をもたらすはずのものが、死すべきこの世において、悪と不完全さを引き起こしているかのようです。

11. 神は至高善であり、至福の本質は神との合一にあることを知らない人はいません。聖人たちの偉大さは、神との合一がどの程度完全であるかに応じています。この合一は魂の中で、その人固有の活動によっては決してなしえません。なぜなら神は、魂の受動的能力が大きく、高貴で、広がりをもつかぎりにおいてしか、魂にご自分を伝えないからです。受動性と単純さなしに神と結ばれることはできません。また、この合一は至福そのものであるため、私たちをこの受動性に導く道は悪いものではありえません。それどころか、この道は最良のものであり、この道を歩むことに何の危険もありません。

12. 入り口をとおって、みながこの道に入るよう勧めなければなりません。この道はまったく危険なものではありません。もし危険だったら、イエス・キリストはこの道をあらゆる道の中でもっとも完全でもっとも必要なものとしたでしょうか？　ですから、誰もがこの道を歩むことができます。誰もが至福に招かれているように、現世においても、来世においても、神を享受するよう誰もが招かれています。神の賜物を享受するのではなく、まさに神ご自身を享受するのです。神の賜物は本質的至福をもたらすことはできず、魂を完全に満足させることはできません。なぜなら、魂は非常に高貴で偉大であるため、神がご自分を与えてくれるのでなければ、もっとも優れた神の賜物であっても、魂を幸福にすることはできないからです。おお、神の望みのすべては、ご自分を被造物に与えることにあり、それは神が被造物に与えた能力に応じてなされます。それなのに人は、身をまかせて神のもとに赴くことを恐れるのです。神を所有すること、神との合一に備えることを恐れるのです。

13.

自分の意志で神との合一に取り組んではならない、と言われています。そのとおりです。また、神との合一に取り組むことは誰にも決してできません。なぜならこの世の誰も、自らの努力で神と合一することはできず、神が被造物と合一してくださることが必要だからです。自分の力で神と合一することはできないのですから、自分の意志で合一に取り組む人を非難することは、妄想を非難するようなものです。

神との合一にあるふりをしているのだ、と言う人もいるでしょう。そのようなふりをすることはできません。なぜなら、飢えで死にそうな人は完全に満腹しているふりをすることはできないからです。少なくとも、そのふりを長いことしつづけることはできません。その人からはいつも何か、欲望や羨望が漏れ出てしまい、目的からほど遠いことを知られてしまうでしょう。

人は目的の中に置かれなければ、誰もその中に入っていくことはできません。ですから必要なのは、そこに導き入れることではなく、そこにいたる道を示すことなのです。宿屋や実践に縛られ、つながれたままでいないようにしてください。合図がなされたら、実践を去らなければなりません。経験を積んだ指導者はそのことを知っており、生きた水を示し、そこに導くよう努めます。喉の乾いた人に泉を見せながら、その人をつなぎとめたまま泉に行くことを妨げ、喉の渇きで死なせるとしたら、とがむべき残酷さではないでしょうか？　これが今日行われていることなのです。

14. みな、この道を認めましょう。この目的を認めましょう。この道と目的は間違いなく、疑いえないものです。道には出発地があり、前進があり、終点があります。終点に向かって進めば進むほど、必然的に出発地から遠ざかります。終点にたどりつくには、常によりいっそう出発地から遠ざかるしかありません。ひとつの入り口から、ある遠く離れた場所に行くには、その中間の道をとおらなければなりません。それには議論の余地がありません。

目的が善なるもの、聖なるもので、必要なものであるとしたら、また、入り口が正しいものであるとしたら、この入り口から生じ、この目的にまっすぐ導く道がどうして悪いものとなるでしょう？　おお、学問と知性を誇る大部分の人々は、何と盲目なことでしょう！　おお神よ、あなたはたしかに、偉大な者たち、賢者たちにはあなたの秘密を隠し、小さき者たちにお示しくださいました。

完

初版の出版許可

天国の天使の至福は、神を見、神と語らい、ただ神のみによって生き、ただ神のみによって養われることです。天使のこの至福は、祈る人の至福でもあります。その人は神を見、神と語らい、ただ神によってのみ糧を得、養われています。なぜならその人は、俗世の喧騒と煩雑のただなかにあって、天国の空気しか吸っていないからです。その人の傾向と動きは、天国のためのものです。その人については、神を愛し、神への情熱をもった心について聖アウグスティヌスが言ったのと同じことが言えます。「神を愛する人をお与えください。その人は私が言っていることを感じとるでしょう。祈る人をお与えくださ い。その人もまた感じとるでしょう」[22]。たやすく単純な、この短い祈りの手引きが書かれたのは、ただ幸いなる者たちの果実と甘美さを味わわせ、神の栄光がもたらす善と恩恵にあずからせるためでした。それは、飾ることも、念入りに考えることもなく、祈りが感じさせ

(22) アウグスティヌス『ヨハネ福音書講解説教』第二六説教。ヨハネ六章四四節の解説中に挿入された祈り。

る喜びと楽しみを純粋素朴に表現したものであり、慰めをもたらし、心酔わせるものです。私が読者に願うのは、本書が与える指示と規則と教えを注意深く読んでほしいということだけです。読みながら、教えを消化し、味わい、そのエキスと滋養を咀嚼し、反芻し、その霊性を受けとるようにしてください。この世にいながら、神の栄光の果実と恩恵にあずかることができるものと私は確信しています。これが私の証言です。

グルノーブル、一六八五年三月七日

神学博士、グルノーブル主任司祭　ルフィエ

第二版の出版許可

私こと、下記署名者、聖職者、教会法学博士、ソルボンヌの教会法学修了者、リヨン聖職者総代、聖十字架修道会副管区長、通常宗教裁判代理官、リヨン司教区大司教は、『短く簡単な祈りの方法』と題する本書を読みました。本書を書いた人物は、恵み多く不可欠な祈りの実践について、完全に通暁しているように思われます。この人物は、祈りのあらゆる秘密と神秘とを知っており、祈りの甘美さを味わい、祈りの有益さを知っています。その人は、本書において祈りの道と方法を、実に聖なる、またたやすく明瞭な仕方で示しており、これまで多くの本が、決して汲み尽くされることのないこの聖なる主題を取り扱ってきたとはいえ、この本独自の栄誉と有用性をもつものと評価します。

リヨン、一六八六年五月二五日

テラッソン

神の僕なる慈悲の聖母修道会ファン・ファルコーニ神父が霊的娘のひとりに宛てた手紙(23)

もっとも純粋でもっとも完全な祈りの精神の教え

はしがき(24)

私たちは、ある名高い博士であり、神の偉大な僕である方の手紙を、この小さな作品に添えるのが適当であると判断しました。それは、この方の証言を、本書に含まれる教えの根拠とするためであり、また、単純な祈り、休息と信仰の祈りに入り、この祈りを持続し

(23) ファン・ファルコーニ (Juan Falconi, 1596-1638) は、一七世紀スペインの慈悲の聖母修道会（メルセス修道会）神父。本書簡の仏訳は一六六八年にパリで刊行され、当時、霊的教えと内的信仰を求める人々の間で広く読まれた。ミゲル・デ・モリノスも『霊の導き』の中で引用、参照している（鶴岡賀雄訳『キリスト教神秘主義著作集 一五巻 キエティスム』五九頁、註四八一頁）。

(24) 第二版で追加。

て行う方法について、より豊かな教えを与えるためでもあります。この手紙はスペイン語で書かれ、その原書は一六五七年にマドリードで印刷されました。その後、イタリア語に翻訳され、ローマで印刷されました。次にフランス語に訳され、パリで印刷されました。こうして三大国が、それぞれ各国の言語で、各国の教会裁判所において出版許可を与えましたが、本書はそれに値するものです。

われらの主のうちに　親愛なる娘よ

神が絶えずあなたとともにあり、あなたを神ご自身とその賜物で満たしてくださいますように。

あなたがご自分の魂の状態について話されたことを熟考し、あなたの魂が置かれている段階を理解しました。完徳に向けてよりいっそう前進していくためには、感覚的働きに身を投じるのは通常よりも少なくしていかなければなりません。身体的な力と関係するもののすべてから遠ざからなければなりません。この目的のために、次のような祈りの方法をお勧めします。

神の現前に身を置いてください。そして、荘厳なる神が、その本質と現存と力とで万物を満たしていることは、信仰上の真実ですから、この信仰をもって内的に祈り、この重要な真実を強く確信してください。父なる神の手の中に完全に身をゆだね、ご自分の魂と命と内面と外面を神の至聖なるご意向にゆだねてください。それは、神があなたをこの世で、そして永遠に、お望みのまま、また役立ちに応じて、自由に使ってくださるようにするためです。

そのようにしたら、何も意のままにならない人のように、平安と休息と沈黙のうちにとどまってください。どれほどよいこと、崇高なことであろうと、自分の意志では何も考えないようにしてください。あなたが専念すべきことは、全般的に神を純粋に信じ、神の聖なるご意向を甘受して、ただその状態にとどまることです。

この状態が無為の状態だとは思わないでください。事実、そうではないのですから。それどころか、魂はかつてないほど忙しく活動しています。なぜなら魂は、そうとは気づいていないものの、これから述べるあらゆることを行っているからです。

魂はそのとき、実に見事に信仰、希望、愛という三つの対神徳を行っているのです。信仰、なぜなら現存する神を信じているからです。希望、なぜなら神が与えてくださる無限の恩寵を期待しているからです。この世の何ものに対しても、魂は何かを期待していなければ、その状態にとどまらないでしょう。愛、なぜなら魂は神を熱烈に愛しているからです。神の手の中にすっかり身をゆだね、神を喜ばせることしか望まないからです。それこそたしかに、永続的な愛の業です。

あなたは正義の業を行います。それは、ひとりひとりに属しているものを与えることです。なぜなら、今ささげた贈りものをとおして、あなたは完全に神のものとなっており、もはや自分自身を自由に使う権利をもたないからです。

あなたは賢明さの業を行います。自分自身の意志を軽んじ、神の摂理にすっかり身をまかせるときほど偉大なものはありません。こうして神の摂理が望まれることをあなたの中で行えるようにします。

あなたは力の業を行います。なぜなら、勇気を失うことなく、固く信仰を守っているからです。この祈りの中で、あなたはしばしば、必ずやいっそう残酷に攻めてくる苦しみ、葛藤、誘惑、乾燥状態、煩わしい思いを、意気阻喪することなく耐え忍びます。まさにそのことのうちに、あなたは大いなる忍耐の業を行っているのです。それは、神のご意向のためにこうしたあらゆる苦しみを耐え忍んでいるからです。

しかし、この状態においてもっとも高度に発揮されるのは謙遜です。なぜなら、ある人が自分のしていることについていかなる感情もなく、それどころか、自分のしていることを見ることができないため、何もしていないように思われるとき、その人は徹底してへりくだっているからです。その人は、自分は何ものにもふさわしくなく、自分がもっているよいものはすべて神から来ており、自分はそれを受けるに値しないと告白します。

あなたはさらにこの方法によって、神の偉大さにふさわしい賛美を与えます。なぜなら、聖ヒエロニムス[25]が言ったように、荘厳なる至高の王をたたえる真の方法は沈黙だからです。それは、あらゆる賞賛を黙らせることであり、これほど偉大な主をたたえ、主と関わることは自分の役目ではないと認めることです。

あなたは施しの徳、寛大さの徳を実践します。なぜなら、あなたは自分がもっているもので最良のもの、すなわちあなたの魂そのもの、あなたの意志のすべてを神にささげるからです。

要するに、あなたはほとんどすべての徳を実践します。これらの徳についてはこれ以上説明しません。なぜなら私は、沈黙し、身をゆだねる、この謙虚で純粋な真の祈りの方法に含まれる大いなる善を表現する言葉をもたないからです。

この祈りこそ、主がオリーヴの園で私たちに教えてくださった祈りなのです。主はそこで三時間にわたって祈り、その祈りはすべて父のご意向に身をゆだねるものでした。この状態で、主は父の望まれるすべてのものを、苦悶と十字架の苛酷さを感じるまでに耐え忍んだのです。

親愛なる娘よ、これこそあなたがならうべきことです。自分自身を荘厳なる神とともに十字架に架け、もはや自分のうちには生きず、主のいとも純粋なるご意向のうちに生きることです。私は主のご意向をたたえ、主のご受難と死の功徳によって、これらの真実を主があなたに理解させてくださるよう願っています。

私が記したあらゆる徳は、この祈りの中で実践され、魂は自分がしていることに気づくことなく、自分が前進し、生き生きした信仰のうちに固められているのを感じることがあります。これほどの善をどこから受けたのか知らぬままに、魂は揺るぎない希望と熱烈な愛、そしてその他あらゆる徳に自分が満たされているのを感じます。それらの徳は、あなたが祈りの中で実践する三つの主要な徳から生まれます。なぜなら、聖グレゴリウス(26)によれば、三対神徳は魂を真の完成に導く泉であり、水源であるからです。天国で福者たちの永遠の生命が、神の三位格の認識によって保たれているように、この世では、霊魂の霊的命はこれら三大徳性の内的実践によって維持されます。

しかしこの祈りに、より純粋に、より霊的に励むためには、私が助言したことを行いつ

---

(25) Eusebius Sophronius Hieronymus, ca 347-420. ダルマティア（現クロアチアの一地方）のストリドンに生まれ、シリア、アンティオキア、コンスタンティノープル、ローマ、ベツレヘムなどで修道生活を送りながら、聖書研究を行った。ラテン語聖書（ウルガタ版）の翻訳者。

(26) Gregorius I, ca 540-604. ローマに生まれる。父の死後、所有地に修道院を設立し、修道生活を送っていたが、五九〇年、ローマ教皇に選出される。『ヨブ記の道徳的解釈』において、信・望・愛の対神徳は「人間の倫理的な生活全体の基礎として神によって与えられるもの」とした（ペトロ・ネメシェギ「対神徳」、『新カトリック大事典』第三巻、研究社、二〇〇二年）。

つ、神があなたの魂の中、心の中に現存している、ということを熟考して時間を過ごさないよう注意してください。なぜなら、それはよいことではあるものの、しかしながら、神を限定的な仕方で想像することになり、神を単純に信じることではなくなるからです。それは言ってみれば、神をどこかに閉じこめられた存在とみなすことになり、万物を満たしている無限に偉大なる神を損なうことになるからです。

また、自分がいるところに神はどのような仕方で現存しているのだろう、という考えにも煩わされないでください。一部の人々は、祈りの時間のすべてを使って、「主よ、あなたはここにおられます。私はわが神を信じます。あなたがここにおられることを信じます」という言葉を、心の中で繰り返しているのです。

自分が集中しているか、自分の祈りがよいか悪いかと心配しないでください。自分がしていることを熟考したり、私があなたに示した徳や、その他同じような徳を実践しているかと考えたりして時間を無駄にしないでください。こうした気弱な考えに心を奪われ、完全な祈りの糸を断ち切ることになってしまいます。

同じように、もし読書や勉強をしている人が、自分がしていることを絶えず熟考し、自分は今読んでいるということしか考えず、自分が読んでいるかどうか始終確認ばかりして時間を過ごしていたら、肝心の目的から間違いなく逸脱してしまうでしょう。なぜなら実際のところ、私たちが祈りに身を置く目的は、神が私たちをお望みのものとし、神の役に立ちうるものを私たちの魂にもたらしてくださるように、ということであるべきだからです。

それ以外の内的実践はどれも、こうした神の働きかけを乱すことにしかならないでしょう。それはちょうど、画家がある人の肖像を描こうとしたとき、その人が絶えず動いているとうまくいかないのと同じことです。ですから、あなたがこの霊的休息の中にあるときは、どんなによい思いや考えを抱いたとしても、それはあなたの気を逸らし、神があなたの魂の中であわれみの業を行おうとするのを妨げることになるでしょう。

神がとこしえにたたえられますように。私たちの弱さと怠惰では到達できないところへ、神ご自身が私たちを導いてくださるのです。ですから、魂はいったん全能の主の手の中に身を置いたら、もう自分のことを思い出してはなりません。そのことについて、聖アウグスティヌス(27)は『告白』第九巻一〇章でこう述べています。「あらゆる空想は消えよ、天は

(27) Aurelius Augustinus, 354-430. 北アフリカのタガステ（現アルジェリア）に生まれる。マニ教徒であったが、三八六年に回心、三八七年、ミラノのアンブロシウスにより受洗、三九一年、ヒッポの司祭、三九五年、ヒッポの司教となる。『告白』第九巻一〇章では、母モニカと二人で天国における永遠の生命について語り合った幸せな思い出が語られている。

静まれ。魂も自分の中で深い沈黙を守れ。もはや自分のことを考えていないかのように、神にすっかり身をゆだねよ」。また、アルカンタラの福者ペドロ(28)は、祈りに関する第八の助言でこう述べています。「祈っている人は自らを忘れ、自分がしていることを忘れなければならない。なぜなら、古代の教父たちが言ったように、完全な祈りとは、祈っている人が、自分は今祈っているということを思い出さない祈りであるからである」。

ですから、自分自身の記憶をなくしなさい。神への裸の信仰、暗夜の信仰に身を沈めなさい。この深淵の中で自己を失い、無に帰すように思えるときほど確かで安全なことはなく、これほどの恩恵がもたらされることはないでしょう。あなたはおそらく、このような消失がどのような仕方で起こるかご存じないと思います。このことは比喩を使って説明しなければなりません。これはごく自然なたとえではありますが、真実にははるか及びません。

海で小さな魚を捕ったと想像してみてください。あなたはたっぷりの水が入った器にその魚を入れ、魚が泳ぐのを見ることに喜びを感じています。あわれな生き物は常に、再び捕らえられ、傷つけられ、虐待される危険の中にあります。しかしもしあなたがこの魚を海に放せば、魚はすぐに海にのまれ、視界から消えます。そのためにあなたは、この魚が迷子になっていると言うでしょうか? 魚は、あなたが狭いところに置いておくよりも、ずっと大きな安心感の中にあるのではないでしょうか？

このようにあなたは、神の暗い信仰の中に身を投じ、身を沈めるのです。あなたはおそらく、あなたの理解の仕方で、それは自分を失うことだと考えるかもしれません。しかしこれほど大きな霊的前進の状態にあることはなく、これほど大きな安心感の中にあることはないでしょう。あらゆる危険、悪魔のあらゆる欺きからこれほど遠ざかっていることはありません。この奥深い虚無の中では、これに似たものは何もなく、誘惑者はそこに入りこむことができません。自分自身の支えを失い、あらゆる不安、あらゆる思慮、あらゆる感覚が消し去られたときほど、あなたの魂が十分に満たされたことはありませんでした。

被造物がいっさい混じらないこの純粋な信仰の中で、理解力は神を信じ、意志は神を愛します。それは、霊の繊細さでなされ、自然的感情で神をとらえることはありません。自然的感情はその特性により霊的愛の純粋さを曇らせてしまいます。

あらゆる感覚を完全に捨て去って行うこの祈りは、地上の楽園です。それゆえ、聖アウグスティヌスは、私が先に記した箇所で、さらにこう述べています。「もし、この観想状

（28）Pedro de Alcántara, 1499-1562. スペインのアルカンタラ生まれ。スペインにおけるフランシスコ会改革派の創立者。アビラのテレサにも大きな影響を与えた。『祈りと黙想のしおり』（一五五六）は国内外で広く読まれ、フランスでも一六〇六年にパリで仏訳が出版され、版を重ねた。一六二二年に列福、一六六九年に列聖。

態が持続するとしたら、それは天国で聖人たちが享受しているのとほとんど同じ状態となるだろう。そうだ、たしかに、この状態が持続するとしたら、それは十全な神の喜びのうちに入ることである」(『告白』第九巻一〇章)。おお、照明を受けたこの博士は、何と真実を語っていることでしょう! なぜなら、地上の観想状態と天国の観想状態に違いはないからです。唯一の違いは、天国においては向き合って神を見つめ、地上では信仰のヴェールのもとで神を見つめるという点だけです。

しかし、聖アウグスティヌスのこの教えについて、ひとつ助言をしなければなりません。この祈りがあなたの中でより完全なものとなるためです。感覚的なものがより少ないほうが、観想がより優れたものになり、愛がより洗練されたものになるとすると、また、観想も愛も、異なる複数の行為の中でよりも、同じひとつの継続的行為の中でこそ、より長く持続すると考えると、おそらく最良の祈り、もっとも熱烈な愛とは、天国でそれを実践する者たちに似たものになることに違いありません。聖トマス・アクィナス(29)が教えているように、天国には観想と愛の継続的行為しかありません。

ですから私は、あなたの毎日、毎月、毎年が、そしてあなたの全人生が、観想の継続的行為の中で費やされていくことを願っています。それは、可能なかぎりもっとも単純な信仰、もっとも純粋な愛をともないます。いったん神のご意向に身をゆだね、あらゆるもののうちに現存する神への信仰に身を置いたら、その行為を継続し、絶えずそこに身を保つように努めてください。もしこの祈りに多くの時間を費やし、毎晩夜明けまでこの祈りのうちに過ごしてしまったとしても、新たな行為に煩わされないでください。あなたが最初からしてきた、この信仰と愛の祈りをつづけてください。そのときあなたは、われらの主の手の中に完全に身をゆだねているのです。

この状態で、祈りのうちに身を置いているとき、神に再び身をささげることが絶えず必要とされるわけではありません。なぜならあなたはそれをすでにしてしまっているからです。もしあなたが友達にダイヤモンドをあげたとしたら、ダイヤモンドを渡したあとで、この指輪をあげます、プレゼントします、と言う必要はもはやなく、毎日繰り返す必要もないのと同じことです。必要なのはただ、その指輪を取り戻そうとせず、その人の手の中に置いたままにすることです。なぜなら、指輪をその人から取り戻さないかぎり、またそうしようと望みもしないかぎり、あなたがその人にこの贈り物をしたということ、あなたがこの贈り物を撤回しないということは常に真実だからです。ですから、愛に満ちて身を

(29) Thomas Aquinas, ca 1225-1274. ナポリ王国、アクィノ近郊ロッカセッカの山城に生まれる。ドミニコ会修道士、司祭、神学者、パリ大学神学部教授。『神学大全』の第二部「人間論」で、「観想的生活」について論じている（問一七九―一八二）。

ゆだね、一度完全にわれらの主の手の中に身を置いたら、ただそこにとどまるだけでよいのです。新たな行為をしようと心配したり、努力したりしないように気を付けてください。感覚的愛情を倍加しようという気を起こさないでください。そうした愛情は、あなたの意志によって引き起こされる霊的行為の純粋なる単純さを邪魔することにしかなりません。

もっとも重要なことは、神のご意向に反する何か特別なことをして、あなたが神にささげたものを取り戻さないことです。というのも、それが起こらないかぎり、神に身をゆだねた状態、神のご意向と一致した状態の本質と継続性は常に持続するからです。なぜなら軽い過ちは、よく考えずに犯されたものである場合、神との一致の本質的部分を壊すものではないからです。

実のところ、純粋に霊的な愛の同じ行為をとおして、これほど大いなる継続的信仰の状態に達する人はごくわずかです。しかし、あなたに私の望みを明かしましょう。私は人々がなぜこの祈りの仕方でつづかないのか、すべての人が知ろうと努めてくれるよう望んでいるのです。おそらく、多くの人々にとって、人間生活の営みが、この継続的愛の行為を中断させてしまうように思われるのでしょう。その結果、彼らは自分がしていることを確信し、知り、感じとるために、新たな、知覚可能な祈りをしようと努めるのです。しかしながら、それが神のご意向に反するものでないかぎり、神に身をゆだね、神の意志と一致した状態を乱すことは決してありません。

おお、あの偉人にして名高き聖人グレゴリオ・ロペス(30)は、この霊的純粋さを何とすばらしく理解していたことでしょう！　彼の人生は絶えざる祈りでした。神を見つめ、神と隣人を愛する継続的祈りでした。その祈りは彼においては、いとも純粋で霊的なものだったので、また、とても乾いていて、感覚的なものには何も与えないようにしていたので、彼は普通の人間というよりむしろ、肉体をともなった熾天使《してんし》のようでした。彼は自然の本性には何も与えたくないと語っていました。彼は内的人間を外的人間からすっかり切り離した状態に保っていたので、どんなものであれ、感覚的なものとはいっさい関わりをもとうとはしませんでした。また、信仰とゆだねと愛の継続的祈りに達して以来、ため息も、射《しゃ》禱《とう》も、感覚的なことは何もしようとはしませんでした。わが娘よ、あなたに到達してほしいのは、まさにこの祈りなのです。この神の僕《しもべ》はこの美徳をあまりにも卓越した度合でもっていたので、友人のロサ(31)は、ある日散歩をしているときにため息をつき、ああ！　とひとこと漏らして、彼にこう言いました。自然の本性にも何か少し食べ物をあげないとい

(30) Gregorio López, 1542-1596. スペインのマドリードに生まれる。メキシコに渡り、隠遁者として生涯を送った。
(31) Francisco de Losa, 1536-1634. メキシコの大聖堂主任司祭。グレゴリオ・ロペスに出会い、彼の死後、『グレゴリオ・ロペス伝』をスペイン語で執筆、一六一三年に出版した。仏訳は一六四四年にパリで出版された。

けないよ。そうでないと自然がお腹をすかせて死んでしまうよ、と。

それから、この霊的で継続的な祈りの方法の秘密をあなたに明かしたいと思っていました。あなたがこの道で前進し、少しずつ、祈りの中で繰り返される行為や自発的省察の感覚的動きを捨て去り、こうしたものすべてを捨て去ることで、霊的にもっとも崇高な状態にいたるのだということを確信してもらうためです。このことを述べたのは、次のことを理解してもらうためです。もしときおり、祈りの中ででも、外的にでも、何か甘美で優しい愛情を味わうことがあっても、そこに霊的純粋さがあるわけではありません。それは自然の感覚が混じった行為であり、神の愛の確かさをもたらすものではありません。それは内的感覚への嗜好でしかなく、そのとき自分がしていることに喜びを感じているにすぎないのです。

このことをよりよく説明するために、偉大な観想修道士サン＝ヴィクトルのリカルドゥス(32)の言葉を使わなければなりません。彼は、『雅歌』についての論文でこんなふうに語っています。「私たちが神の事柄において感じる優しさや甘美さは、いわば肉的なものである。人は思い違いをしがちであるが、それはしばしば、恩寵の効果というよりも、人間性の結果である。それが生じるのは心からというよりも肉体からであり、霊や理性からというよりも感覚からである。そのため、ときおり人は、それが味わい深いからという理由で、もっとも劣ったものに執着し、あまり快くないからという理由で、もっとも有益なものを軽んじてしまうのである。受肉した神が地上に生きていたとき、弟子たちが神を愛し、神に祈ったのも、同じような愛情をもってのことであった。彼らは神の人間性から引き離されることを望まなかった。その点において彼らは、神を純粋に愛していたのではなかった。彼らは自分たちの義務よりも、自分たちの喜びという動機によって行動していた」。リカルドゥスはつづけます。「このように、感覚的で不完全な人間は、神をとても愛しているためではなく、神の恩寵の甘美さを感じるために、神を愛していると信じてしまうことがある。しかしながら、真の友というものは、恩恵を被るときではなく、誘惑と苦しみに打ちのめされたときに識別されるものである」。

ここから、どれほど多くの霊的な人々が、甘美で優しい内省の中で思い違いをしているか、ご判断ください。彼らは実のところかなりしばしば、それが自己愛でしかないのに、神への繊細な愛だと想像しているのです。

しかし、そのことには驚きません。なぜなら、イエス・キリストの教えの胸元で養われ、

（32）Richard de Saint-Victor, ca 1110-1173. スコットランド出身の修道士。パリのサン＝ヴィクトル修道院に入り、修道院長も務めた。観想をめぐっては、『小ベンヤミン――観想に向かう魂の準備について』、『大ベンヤミン――観想の恩寵について』があるほか、『激しい愛の四段階について』では『雅歌』が多く引用され、解説されている。

これほど偉大な師のもとで育てられた弟子たちも、甘美で感覚的なこの愛をうまく捨て去ることができなかったからです。現代の霊的な人々がそこに到達できないとしても驚きではありません。しかし弟子たちに、そして私たちにも、絶えざる苦しみの中で、十字架の死にいたるまで、すべてを捨てて真実に師に従うよう教えてくださった、これほど善良なる師に、ごく謙虚に感謝をささげましょう。

娘よ、愛徳をもって、絶えざる苦しみを愛しなさい。このすばらしい師の教えをよく学びなさい。自分自身のことは忘れなさい。神ご自身があなたを満たしてくださるよう、あなた自身のものはすべて空《から》にしなさい。なぜなら、カシアヌス(33)の時代の教父たちが言っているように、自分がいないところ、まさにそこに神はおられるからです。

これ以上詳しくは述べませんが、この主題に関して私は小さな本を出版するつもりです(34)。あなたはその本の中に、私がここで概要を示した教義に関するすべてのものを十分に見出すことができるでしょう。われらの主があなたを守り、天の王なる主が望まれるものにあなたをしてくださるよう祈ります。アーメン。

マドリードの慈悲の聖母修道院にて
一六二八年七月二三日

ファルコーニ神父の「手紙」に付された備考[35]

聖フランソワ・ド・サル[36]の最初の修道女で、聖母訪問会の創設に貢献した尊者シャンタル修母[37]は、この教義を見事に実践しました。その内容は、彼女が聖なる指導者に宛てて書いた手紙に見られ、彼女の伝記に次のような言葉で引用されています。

親愛なる神父さま、私はもはやあのゆだねも、あの甘美な信頼も感じず、もはやどんな業も行うことができません。しかしながら、私の現在の状態は、かつてないほど堅

(33) Ioannes Cassianus, ca 360-ca 435. 黒海西岸に生まれる。ベツレヘムとエジプトで修行したのち、マルセイユに渡り、男子修道院と女子修道院を創設した。
(34)『祈りについて』(*De l'oraison*) と題されたテクストが、フランス語でも一六六〇年代に翻訳出版されている。
(35) この備考は、ファルコーニ神父の「手紙」一六六八年仏訳版にすでに添えられている(聖おとめの言葉の引用箇所まで)。
(36) François de Sales, 1567-1622. サヴォワ公国に生まれる。ジュネーヴ司教となる。主著は『信心生活入門』、『神愛論』。
(37) Jeanne-Françoise Frémyot de Chantal, 1572-1641. フランスのディジョンに生まれる。夫の死後、フランソワ・ド・サルを霊的指導者とし、彼とともに聖母訪問会を創設した。一七五一年に列福、一七六七年に列聖。

固で安定しているように思われます。私の霊は、その上位の部分に関しては、ごく単純な合一の中にあります。霊は自ら合一するのではありません。なぜなら、合一の業を行おうとすると（霊は頻繁にそれを試みます）、すぐに困難を感じるからです。そして、合一することが必要なのではなく、合一の状態にとどまることが必要なのだということがはっきりわかります。私の魂はこの合一以外の何ものも求めておらず、朝の祈り、ミサ聖祭、聖体拝領の準備、感謝の祈りに代わるものです。

こうしたすべてのことに関して、聖フランソワ・ド・サルは返事をし、彼女の内的感覚に同意し、そこから決して遠ざからないようにすることを認め、神の住まいは平和の中に据えられることを思い出すよう願っています。

また別のときに、シャンタル修母は彼女に次の言葉を書き送り、これも彼女の伝記に引用されています。

私は神を前にして、単純に見つめること、完全に忍従すること、自分を無とすることを、より明確に実践しようと努めました。しかし、善良なる神はそのことで私をおとがめになり、こうしたことはすべて私の自己愛から来ており、魂を害しているということを理解させました。

この同じ教えが、慈悲の聖母修道会の尊者イエス・キリストのジャンヌ修母にも与えられました。彼女の伝記第二〇章において、著者は一六一五年の聖おとめのお潔《きよ》めの祝日（二月二日）のことを報告しています。彼女は朝の祈りのときに、たくさんの祈りをしようと心に決めます。ところが最初の祈りに専念して、とても長い時間を過ごしてしまったため、悲しい気持ちになりました。しかし、聖おとめが神の幼子を抱いて現れ、こう言いました。「わが娘よ、私に向けて愛の祈りをし、そこにとどまりなさい。ただそれだけで、ほかのたくさんの祈りをしようと努めるよりも私を喜ばせるのです」。

最後に、(38) この小さな作品で私がとくに意図したことは、祈りに変更を加えるべきであり、魂の内部は常に同じ足どりで歩むべきではない、ということを納得していただくことでした。そのため、まず聖フランソワ・ド・サルの実践を、すべてのよりどころとするのがよいだろうと思いました。彼は、神が今世紀における霊的指導者の鷲《わし》とされた方であり、尊者シャンタル修母のふるまいを受け入れるやいなや、彼女の祈りの仕方を変え、彼女が内

(38) 以下、フランソワ・ド・サルの「内的生活に関する助言」まで、第二版から追加。

的引き寄せに自由に従うことができるようにしました。そのときから彼女は、大いなる内的甘美さをもって、神の子の自由の中に入っていきました。心からの親密な祈りの仕方に引き寄せられて、魂と天の花婿との間に、聖なる、敬意に満ちた親しさがもたらされるのです。

おお、神よ（と、この完璧な恋人はのちに書いています）、その日は何と幸せだったことでしょう！　わが魂が一変し、私の最初の霊的指導者だった方の意見によって、それまでつなぎ留められていた内的囚われの状態から脱したように思われました（シャンタル夫人の伝記一五章）。

次に、シャンタル夫人にとってだけでなく、ほかの人々にとってもこれほど重要な主題について十分に教えるため、聖フランソワ・ド・サルは以下の助言を与えました。

聖フランソワ・ド・サルがシャンタル修母に与えた内的生活に関する助言

トリノの聖母訪問会修道院からの引用

人が内的に行動することができないとき、神が魂を単純さへと引き寄せ、神を前にした穏やかな注意へと引き寄せているためであることがあります。それを見分ける三つのしるしがあります。

第一に、もはや黙想することができなくなります。以前のような、黙想に対する好みがなくなり、逆に無味乾燥を見出します。

第二に、心の中で、内的なものであれ外的なものであれ、いかなるものにも、想像力や感覚を集中させたいという欲求がなくなっているのを感じます。

第三に、これがより確実なものですが、愛に満ちた注意を神に向け、ひとりでいることに喜びを覚えます。特別に何かを考えることなく、内的平和、休息のうちにあります。行為をせず、記憶や理解力や意志といった諸能力を行使することもありません。少なくとも、次から次へと進む言葉の実践はありません。ただ愛に満ちた全般的な注意とまなざしのみがあります。

黙想をやめるには、これらのしるしがなければなりません。このように注意を向けているとき、魂は何もしていないように感じ、感覚を用いていないため、何事にも専念していないように感じます。しかし、道に迷ってしまった、無駄なことをしているとは思わないでください。なぜなら、魂の諸能力が止んでも、知性は残っているからです。私たちが扱っている状態においては、霊的事柄であれ、現世的事柄であれ、個人的なあらゆるものから思考が引き離され、意志的に何かについて考えようと欲しないだけで十分です。そのことは、専心があなたの知性の中でのみ行われるときに理解できます。なぜなら、専心していることが意志に伝えられ結合するとき、その伝えられる度合に程度の差こそあれ、もし魂がそれを眺めようと思えば、自分が何に専心しているかを理解しつづけるからです。しかし魂は、神への愛にとらえられており、自分が愛しているものを知ろうとも理解しようともしません。

神はこの状態において、訓練し教える特別な動因です。魂はきわめて霊的な善を与えられ、神への注意力と神への愛をなすものすべてをまとめて受けとります。そのとき魂はただ、神への愛に満ちたまなざしをもって歩まなければなりません。神によって心が傾くのを感じること以外、何もしません。急がず、あの愛に満ちた、単純で誠実なまなざしをもって、思いにふけるように自分のうちにとどまります。それは、愛の目配せで目を開く人のようです。なぜなら神はそのとき、単純で愛に満ちた配慮をもって、与える形で魂と接するからです。そして魂もまた、単純で愛に満ちた認識とまなざしをもって、受けとる形で神と接します。このようにして愛と愛とが結びつくのです。もし魂が、長々と話したりせず、静かに、ごく単純で愛に満ちた注意をもってではなく、別の仕方で自ら行動しようとすると、愛に満ちた配慮の中で神が伝える善を妨げてしまいます。

それゆえ、あなたの魂はすっかり解きほぐされ、神にならい、静かに落ち着いていなければなりません。なぜならこの状態は、まったく自由で無化された霊を必要とするため、魂がそのとき、自分の考えで何かをしようとし、話をしたり、何かを好んだりして、それらをよりどころにすると、神の働きかけを妨げ、平安を乱し、深い沈黙の中に雑音を引き起こしてしまうからです。この深い沈黙は、感覚に応じて、霊に応じて、魂の中になければなりません。それは、この孤独の中で、神が心に語りかけるあの深く繊細な言葉を聴き分けるためです。深い平安と静寂の中で耳を傾けてください。この平安が魂の中でつづくかぎり、神が語りかけることに聴き入らなければなりません。

魂が沈黙の中に置かれ、聴く状態に置かれたのを感じたら、ごく単純に、心配も熟慮もなく、愛に満ちたまなざしを向けなければなりません。そうすることで、魂はほとんど自分を忘れ、注意そのものとなります。魂はこのように自由な状態にとどまることで、神が欲することを行うのです。

わが娘よ、次のことに注意してください。魂が単純で無為な状態に入りはじめたら、どんな時節でも、黙想に専心してはいけません。霊的視覚や霊的恵みを期待してはいけません。そうではなく、ハバククのように、霊があらゆることから解き放たれ、支えなしに立ったままとどまるようにしてください。「私は立ったまま、わが感覚を下にして見張ろう。わが力の蓄えの上に、わが歩みを堅固に保とう。わが力については、いかなる考えも抱かずに。私に語られることを見つめ、穏やかに伝えられるものを受けとろう」（ハバクク書二章一節）。

なぜなら、わが娘よ、非常に高度なこうした知恵を受けとれるのは、甘美な味わいや個人的満足を得ることから解き放たれた、抽象的な霊だけだからです。魂を自由と平和と平静のうちに置きなさい。自らの働きに由来する味わいや束縛から、魂を引き出しなさい。下からや上からの、いかなる注意や気遣いによっても心を乱さず、孤独の中に立ち戻ってください。なぜなら魂は、より豊かに、この静かな無為の状態に達すれば達するほど、愛に満ち、静かで孤独な、平和で甘美な、神の知恵の霊が注ぎこまれるからです。神が、この聖なる無為と孤独のうちにある魂の中で行うのはほんのわずかなことですが、それはあなたが考える以上にはかり知れない善をもたらします。

神はお望みのまま、ひとりひとりの魂に超自然的建造物を築きます。あなたの性質を捨て去り、神のご意向に反しうることすべてにおいて、自らの働きかけをなくしなさい。なぜならそれが、あなたのなすべきことだからです。そして神がなすべきことは、あなたの知りえない手段を用いて、超自然的善にあなたを導くことです。無為の中にあると、それがふさわしい状態であるため、愛情が行き渡ります。そのとき私たちは、神の愛の特性がより深く浸みこむのを感じます。配慮が霊を包み、休息が霊を解き放ちます。必要なのは、人間の愛情がすべて、えもいわれぬ仕方でひとりでに溶け去り、神のご意向の中にすっかり投入されることです。もし人間の魂の中に何かが残っていたら、神はどのようにして万物を満たすものとなりうるでしょう?

神の知恵に理解力を結合させなければなりませんが、そこにはいかなる手段も方法もなく、限界に陥ることもなく、明確で個別的な理解もありません。魂と神の知恵を完全な合一の中で結合させるためには、両者が互いに、ある類似の手段の中で合意する必要があります。それゆえ魂は、できるかぎり純粋で単純でなければなりません。そこでは、何か明示された境界や形象に制限されたり、修正されたりすることはありません。なぜなら神は、そうしたものには含まれないからです。それゆえ魂は、神と合一するために、明確な形や理解をもつべきではありません。

記憶の完徳とは、神のうちにすっかり吸収されることであり、魂が自分の中のすべてを忘れ、浮わついた思考や想像のあらゆる喧騒から遠く離れ、ただ神のうちに甘美に安らぐことです。神性、あるいは人格化した神（その記憶は、真の道であり、導き手であり、あらゆる善の創造者である方がそうであるように、目的にいたるのを常に助けてくれます）以外の特別な形象や事物の記憶を捨て去れば捨て去るほど、記憶を神のうちに置くようになり、神が記憶を満たしてくださることを期待して、記憶をよりいっそう空虚に保つようになるでしょう。

神の純粋さと、完全なる希望のうちに生きるためにしなければならないこと、それは、具体的な形象が現れるたびに、そこに立ち止まらず、すぐに魂を神のほうへと向け、虚心に、そして常に愛情をもってとどまることです。そうした形象の記憶が、義務として行わなければならないことをしたり、理解したりするために役立つのでないかぎり、考えたり眺めたりしないようにしてください。こうした形象は、魂の中に障害や妨げを残す恐れがあるため、それらを味わったり、愛着を抱いたりしないようにしてください。それが義務でないかぎり、なすべきことや知るべきことを考えたり、思い出したりしつづけるべきではありません。

『短く簡単な祈りの方法』のための弁明

——この小さな作品に対して巻き起こった批判を受けて

I

1.

本書の「序文」で申しあげたとおり、私が『短く簡単な祈りの方法』と題するこの小さな本の印刷に協力したのは、ただ従順によってのことでした。この本を書こうと意図したのは、ただ私自身の教化のためと、キリスト教的愛徳の絆で私がとくに深く結ばれている幾人かの人々の教化のためのことでした。また私の中で、盲目的従順は、利己的謙遜より優先すべきものと確信しているためでもあります。

本書が印刷されてから、本書を読んだ多くの人々が、誤った意味を与えかねない箇所が多くあると考えました。しかしそれは、あの厄介な風聞(39)が起こるずっと以前に書かれたものであるだけに、赦されるべきものであると思われます。あの風聞は、もっとも純粋で、もっとも有益な実践につけこみ、その実践のいとも聖なるものを汚した人々によって引き起こされたものでした。そして、きわめてキリスト教的な感情が、ほとんど使われていない用語で覆われているとき、もっとも愛徳に満ちた人々までもが、そうした感情に対して偏見を抱くようになりました。それは、聖なる場所に腐敗が滑りこみ、内面に関わるすべてのことに対して、誤った推測を残してしまっているためです。

当時はそうしたことは何も言われておらず、また、先に申しあげたとおり、この小さな作品を印刷させる意図は私にはまったくありませんでした。そのため、困難を引き起こしうるすべての箇所について説明しようともせず、誤った意味を与えうる用語を使わないようにすることもしませんでした。しかし、人の心の中で起こっているすべてのことを見ておられる神の前で確言いたします。私がこの作品を書いていたとき、その後公にされてきた恐るべきことについて耳にしたことは決してなく、私は単純で誠実な心で本書を書いたのです。

2.

本書が初めて印刷されたとき、人々は好意的に歓迎してくれましたが、その人々もその後、本書を攻撃するようになりました。しかし当初の歓迎は、私が本書に浸透させようとした神の現存の実践が、私自身にとって有益なものであっただけにいっそう、人々の魂にとっても有益なものであることを確信させました。私が書いたすべてのことの中に、「神の現前を歩む」ことがもたらす利点を知らせる以外の目的は決してありません

(39)『祈りの方法』は一六八二年から一六八四年のある時期に執筆され、一六八五年三月に出版された。静寂主義との批判を受けていたスペインのイエズス会士モリノスが、一六八五年七月にローマ教皇庁により逮捕され、一〇月にはナントの王令が廃止され、ギュイヨン夫人も危険視されるようになる。モリノスは一六八七年に教皇庁により正式に断罪され、一六八九年、ギュイヨン夫人の『祈りの方法』にも禁書処分が下った。本弁明は一六九〇年に執筆された。

でした。たしかに私は、すべてのキリスト教徒の心が、このすばらしい現存に満たされることを熱烈に望んでいました。また、このいとも聖なる実践が、悪を引き起こしうるなどとはまったく想像できず、この実践はあらゆる善の源であり、完徳の鍵であると確信しています。私は、本書を読むのに苦労した人々をより正当に評価しており、彼らが神の現存の実践を認め、評価し、尊重してくださるものと信じています。この実践は肉的人間を霊的にし、地上にいながら天使的生を生きさせる確実な方法です。なぜなら、天使の幸福をなす実践が、人間には害をなすなどということに、信仰を表明しているキリスト教徒が納得するでしょうか？　繰り返しますが、私は彼らをより正当に評価しています。ほとんどすべてのことが危惧すべきものとなっている時代に、彼らはその熱意によって、あらゆることを懸念し、説明が不十分なものに疑念を抱いているのだと思います。

3. 私はこれまで沈黙を守り、本書を検閲によって禁止する、あるいは認可する権利を公にゆだね、そこに関与することを望んでいませんでした。自分は常に、少しでも疑わしいすべてのことから距離をとってきたという確信が私の中にあり、そのことで満足してきました。また、神はもっとも偉大な聖人たちを、内的な道をとおして導いてきましたが、こうした内的な道のある種の経験をもたない人々にとっては曖昧なことであり、そうしたことの説明に再び介入するよりも、また繰り返されるかもしれない公的検閲のあらゆる屈辱を黙って担うことのほうが、私にとってよりよいことだと思っていました。というのも、この経験をもつ人々は、私の無知ゆえに滑りこんだ曖昧な言葉をとおして、単純な真理を見出すだろうということを私は疑わないからです。この真理は、ほかの人々の目には、衣服の下に覆い隠されています。繰り返しますが、人々の非難の中、私は完全な沈黙にとどまることに甘んじてきました。またもし人々が、これらの箇所を明らかにし、どのように理解されるべきか、すべての読者に示すことを私に望んだとしても、私はやはり同じように沈黙で答えたことでしょう。おそらく私の無知ゆえに、私は意味を明らかにしようとして、さらに不明瞭にしてしまうことでしょう。私はこの過ちを犯すことを望んでおりませんでしたが、ただ従順によって、この過ちを甘んじて犯すことにいたします。

II

4.

この小さな本には、「一般的な」教えと、特別な教えとがあります。

一般的な教えは、心の奥に親愛なる神を探すこと、内省すること、黙想的読書と愛情の祈りをすること、あらゆることの中に神の現存をとらえるよう努めることを教えるものです。神の現存の実践とは心の祈りであり、それゆえ広くすべてのキリスト教徒のためのものです。なぜなら口で発音しながら、心で形づくらない祈りは祈りとはみなされないからです。神は聖書の中で私たちにこう言っています。「この民は口では私をたたえるが、心は私から遠い」（マタイ一五章八節）。ですから、心で祈らなければなりません。神を見つめながら歩まなければなりません。キリスト教徒であれば、このように祈り、ふるまわなければなりません。ですからこの原則は、すべてのキリスト教徒にあてはまるものです。

5. 一方、すべての人のためのものではない「特殊な」助言があります。それは、神に触れられ、神の現存の幸福を味わった人々のための助言です。その現存は、獲得されるというよりも注ぎこまれ、神は独特の仕方で、手渡すように伝えてくださいます。彼らは神に所有される甘美な感覚を味わい、聖パウロが神との親子関係について語っているあの証し（ローマ八章一六節）(40)を自らのうちに感じます。彼らはもっとも厳格な悔悛《かいしゅん》の甘美なる苛酷さを経、感覚や情念を捨て去ることに、揺るぎなく果敢に努めます。そうすることなしに、内的になることはできません。なぜなら、感覚的な人が霊的になることはできないからです。感覚的人間が霊的になるには、感覚的であることをやめることがどうしても必要です。

6.

この二つめの助言はそれゆえ、感覚や情念を捨て去った人々だけのためのものです。彼らは真摯に自己を捨て去ることに努めます。福音にかなう助言の実践を熱望し、心の奥に神の掟が刻みこまれています。純粋な愛徳に突き動かされ、自分ではそうと過信することなく、もっとも純粋な徳を厳格に実践します。神のご意向に継続的に従うことで、自らの精神と意志を捨て去ろうと絶えず努めます。霊的嗜好をもち、十字架と屈辱に対して常に無感覚で、善も悪も同じように神の手から受けとります。

このような姿勢は、心の祈りと神の現存の賜物であり、口で祈る以上に心で祈ることができる人々にしか見出せません。ですから、何よりもまず、この心の祈りと神の現存の実践をキリスト教徒に教えなければなりません。これら二つの実践によって、今述べた徳を獲得するにいたったら、まだ完全ではないにしても、より進んだ人々に与えた助言を用いることができるでしょう。

このことがまったく説明されていなかったために、すべての人を等しく「受動的」状態に置こうとしていると人々は思ってしまいました。この状態は人間の力によるものではなく、人間の働きかけによっては決してもたらされません。人間の働きかけの賜物であるこ

（40）「この霊自ら、私たちが神の子であることを私たちの霊に証ししてくださるのです」。

ともありますが、忠実な実践のあとで、神が聖なる注入によって与えてくださるものです。

7. もし私たちが、自らの無力きわまりないことを確信し、最良のものに滑りこむ腐敗の源泉が自らのうちにあること、自らの傲慢さ、空しいうぬぼれによって、もっとも徳の高い行いを容易に堕落させる傾向があることを確信していたら、聖霊の導きに身をゆだねること、自らの働きを神の働きかけにゆだねることの必要性を、よりたやすく認めることでしょう。優れた作者のもとで筆をもつ子どもが、誤った線を引かないよう、先生が教えてくれるままにふるまい、筆を動かすようにする必要性を認めることでしょう。

私は素直に告白します。神の霊の動きに身をまかせることよりも、自分自身を行為の原則とすることに謙遜があるのか、私には理解できません。外的従順が外的謙遜のもっとも確実なしるしであるように、神の霊に従い、依存することは、内的謙遜のもっとも強力な証しだからです。この二重の謙遜、あるいはこの二重の「従順」と言ってもかまいませんが、この小さな本に浸透させようと努めたのはこのことだったのです。本書で述べられるその他すべての教えは、そこから派生するものにすぎません。なぜなら、神の前に沈黙せよというのは、神が心の奥に語りかけていると考えているからです。神ご自身が沈黙に招いており、人はただ神に従うためにそうするのです。

8. 人々は、私が「内的沈黙」について語ることで、よき思考や心の言葉のすべてを消し去ろうとしているのだと考えました。精神的思考は、神を愛する心の純化された愛情によって生み出されるものであり、とてもよいものです。消し去らねばならないのはこうした精神的思考ではなく、人がしばしば、心を温めるためよりも精神を満たすために考え出す思考のことです。心は働き、愛情によって絶えず神に向かわなければなりません。しかしこの同じ愛情が、心の中に恩寵の注入を引き寄せるときには、話すための口のように開かれていた心は、神聖なる糧を受けとるために、沈黙して開かれなければなりません。つまりそれは、心の準備をすることを学ぶことです。預言者なる王が「私の心は準備ができています」（詩篇一〇七［一〇八］篇二節）と言ったように、心の準備ができたら、そして神がその心の準備を聴きとり、この心にご自分を伝え、慈愛を注ぎこむことをお望みになったら、敬意に満ちた謙遜をもって沈黙し、服従することです。

この小さな本のすべての実践はここに帰着します。

9. しかし、霊的な道を歩む人々は、実践のほかに、たくさんの体験をしうるため、いくつかの助言をすることが必要でした。それは、すべての人が実践すべきこととしてではなく、この状態にある人々だけに向けて書いたことでした。人々が私に言ったことに対し、もっとも苦痛を感じたのはこの方々です。

10. まず、「苦行」について語られている箇所（『祈りの方法』一〇章）です。私は外的苦行における内的潜心の必要性を示しましたが、そうすることで外的苦行を破壊しようとしたと言われています。どうか、次のように書かれている箇所を吟味してください。「それは、苦行をしてはならないという意味ではありません。各人の体力と状態、従順に応じて、苦行は常に祈りとともに行われなければなりません。けれども、あれこれの苦行を固定的に行うべきではなく、ただ内的引力に従い、神の現存に専心すべきであり、苦行のことをとくに考える必要はありません。あらゆる種類の苦行は、神がさせてくださいます。神に忠実に身をゆだねる魂に対し、彼らのうちにある死すべきものすべてを死なせるまで、神は少しも休息を与えません」（一〇章三節）。ここから、外的苦行を破壊するつもりなど決してないことが、容易におわかりいただけると思います。外的苦行は、内的になるためにぜひとも必要です。ただ、外的苦行は、内的潜心から主な力を汲みとっているということを理解していただこうとしたのです。このような仕方で苦行をすることにより、固有の意志と無分別からくる欠点が取り去られます。本書において、ある実践の必要性を示すとき、そのためにほかの実践を排除したりはしていません。それゆえ、序文で表明していたのです。そうしたすべてのことについて、とくに書きませんでしたが、必要な場合にはそうした実践もせずにはいられません。ただ、本書の目的は、祈りの仕方と神の現存の実践を教えることでしかなかったため、私が尊重し、ほかの本が教えているたくさんの教えを取り入れることはしませんでした。

11.

「受動的状態」について述べているとき、無生物のような状態のことを言っているのでは決してありません。無生物が従順によって協力することさえできずに、されるがままになる、そうした状態のことではありません。人間はそれと同じではありません。人間はより高貴で気高い行為をするだけにいっそう、その行為は神の意志と一致したものとなります。なぜなら、行為に価値を与えるのは、まさに神の意志だからです。それゆえ、神の動きに自由に、自発的に身をゆだね、神の行為に動きをまかせる行為は、神への完全なる従順であり、実に賞賛に値する行為であるに違いありません。このことについては、問題が生じないよう、二一章の「行為」に関する箇所で十分に説明したつもりです。さらに私は、一二章（三－四節）で内的「沈黙」について述べながら、次のことを示しました。沈黙は、神の内的働きかけが乏しいためではなく、豊かであるために引き起こされます。神の働きかけは私たちの働きかけ以上に力強いのです。神が豊かに働きかけると、私たちはすべてにおいて沈黙し、このような神の言語を学ぶのです。

ですからそれは、茫漠《ぼうばく》とした無為によって引き起こされ、想像力によって作り出される沈黙ではありません。神の意志に従順の意を表することで引き起こされる沈黙なのです。聖書に、「神に従うことは肥えた羊をささげることに勝る」（サムエル記上一五章二二節）とあり、神が内的沈黙を私たちの中に作ってくださるとき、この沈黙の中で実践されるこうした従順はとてもよい業であると、容易に結論することができます。

12.

なぜなら私はこの作品において、内的傾向をまったくもたず、苦行もせず、自己流に信心を作りあげている人々のために書いたつもりはまったくないからです。そうではなく、内的にも外的にも自己放棄の実践のうちにあり、十字架の小道、自己を捨てる小道をとおってイエス・キリストに従う人々のために書いたのです。彼らは力の及ぶかぎり福音の教え、とりわけ心の貧しさ(41)を実践します。心の貧しさとは、心からの謙遜にほかなりません。それは、霊的生活の基礎であり、土台です。もし私たちが霊に従って生きるなら、私たちは確実に肉的人間を捨てることになるでしょう。神以外のすべてのものを捨てるなら、神のみに生きることになるでしょう。しかし、すべてを捨て去る実践によって、私たちは霊的命を生きるようになり、霊的命がよりいっそう私たちに伝えられるようになります。そのため、先に述べたように霊的命を実践すると、よりいっそう自己を捨てるようになります。霊的命を生きるため、自己を完全に捨て去りたいと望む人は、この命をとおらなければ完全な自己放棄に到達することができず、霊的命に到達することは決してできないでしょう。同様に、自己を捨てることなく霊的であろうとする人は、妄想を言っているのであり、目的に達することはできないでしょう。

うまく奪い取られた内面は命の源です。それは聖霊の平安であり、喜びです。うまく奪い取られず、自らの意志で作りだされた内面は死の源です。

13.

一五章の「告解」について述べた箇所に、人々は大きな苦痛を感じました。公正な心の持ち主であれば、明瞭に説明されていたら、何の苦痛も感じなかったことでしょう。私はそこで述べられている「糾明」の方法が、すべての人にふさわしいものだと主張したつもりはまったくありませんでした。「魂の状態と一致していなければなりません」と述べたことで、そのことをはっきり示したと思っていました。私が述べたことはただ、神がとくに引き寄せ、特別な仕方で導く魂の持ち主のためのことでした。その至高の

(41)「心の貧しい人々は幸いである、天の国はその人たちのものである」(マタイ五章三節)。

働きかけはしばしば、論理的思考や固有の省察を不可能にします。神は彼らの心の中に、慰めに満ちた愛、苦しみの混じった愛、愛の苦しみを注ぎ、彼らの単純さを知る聴罪司祭の足元にいるとき、しばしば彼らの口を閉ざします。これがキリスト教徒一般にふさわしい実践だとは考えたことも主張したこともありません。おお！　肉的な人々はみな、この実践からどれほど遠いことでしょう。彼らはただ感覚によって生きており、魂の中でなされる聖霊の働きかけを何も知らないのです！

14.

同じ章で「過ちの忘却」（四節）について述べたとき、私はただ、純粋な魂のためにのみ述べたのです。この人々は、堕落した本性から来る弱さは免れていないにせよ、神のあわれみによって、罪を犯す意志から解放されています。神は、彼らのどんな小さな過ちも見逃すことなくおとがめになるのですが、彼らは告解をするとき、こうした過ちが自分の記憶から消え去っていることに、しばしば驚かされます。彼らは自分の過ちについて不安に思い、何とか熟考して思い出そうとします。しかしそれは、彼らにとってつらく無駄な作業であり、彼らを動揺させるだけで効果がなく、神への愛の痛みを失わせてしまいます。彼らの命は純真無垢を習慣としているため、もっとも重大な過ちについては、裁きの場に近づくとすぐに心に浮かびます。しかし、その他の過ちについては、善良なる神が彼らに施す修正によって消し去られており、彼らの心から消え去っています。こうした魂の持ち主が自らの過ちを忘れ、休息にとどまることに関して、繰り返すべきことがあるでしょうか？　そうした過ちは、聴罪司祭自身、罪の赦しを与えるのに十分な主題ではないと判断するような種類のものなのです。このことから、苦痛をもたらしうるのは、ただ説明の不足によるものであることが容易におわかりになると思います。

III

15. 人々が私に指摘してきた問題点が、まだいくつか残っています。それらの問題に対し、人々はもっとも厄介な結論を引き出しています。私がいつもの単純さで説明をしたのちには、いかなる苦痛ももたらさなくなるよう願っています。私がすでに、この小さな本を人々の判断にゆだねてきたように、さらにここで書いていることを人々の判断にゆだねることを言明いたします。

人々が指摘する問題点のひとつめは、神の意志に身をゆだねることに努めれば、魂は神に従い、一致したものとなると示すことで、「パテル」（主の祈り）の慣習を取り去っているというものです。イエス・キリストは私たちに「パテル」を唱えるよう命じ、私たちがいつもそれに遵守するよう求めることを望んでいる。それなのに、神に身をゆだねる人はもはや「パテル」を唱えることを必要としなくなるだろうと。これについては、次のようにお答えします。もっとも神に身をゆだねた人も、それだからといって「パテル」を唱えるのを免除されることは決してありません。なぜなら、神の恩寵により、この世において神に完全に身をゆだねることができると知ってはいても、この状態を自分のために獲得できるとは誰も思っていないからです。また、完徳に関する教えを神が書かせているとき、それを書いている人は、自分が完徳を獲得したなどと思ってはおらず、そんなことは考えもしません。その人は自省することなく、与えられた光に従って書くことだけで満足しています。

しかし、異議に答えるために申しあげます。もし私たちが神の恩寵によって、神に完全に身をゆだねることができないとしたら、イエス・キリストは「み旨が行われますように」と願うことを命じなかったでしょうし、人は妄想、あるいは決して獲得できないものを願うことになるでしょう。もし人が、神の意志によって獲得できるもののみを願うなら、人はこの世で完全なる身のゆだねに到達することができるのです。それこそ、私たちの意志を神の意志に一致させることなのです。私たちは、恩寵の掟である新約の掟の中にいるにもかかわらず、旧約の聖人たちがきわめて卓越した仕方でもつことができたものを、なぜ私たちが獲得できないことがあるでしょう？　アブラハムがひとり息子を神にささげたとき、完全に神に身をゆだねていなかったと、誰に言えるでしょう？　ヨブは破滅の極みにあったとき、主の名をたたえることしかしませんでした。その姿は、私たちも主の手から幸も不幸も、まったく同等に受け入れなければならないことを教えてくれています。ヨブが完全に身をゆだねていなかったと思われるでしょうか？

ですから、結論を申しあげましょう。完全に身をゆだねることはできるのです。しかしその状態を獲得している人は、そのことをほとんどいつも自覚していないため、「パテル」を唱えることを除外されるわけではありません。人はどんな言葉からも、好意的な結果か不都合な結果を引き出しうるものです。(42)どうか読者が、まったく単純に、ただ従順の

(42) ここに、以下の長い註が付けられている。ピエール・ポワレによる一七二二年初版から註に入れられているが、ギュイヨン夫人によるものか、ポワレによるものかは不明。

人々が引き出したこの結果は、不都合なばかりか、愚かしく、まったく無意味なものです。なぜなら、「パテル」を唱える人はみな、ただ自分のためにのみ祈るのではなく、人類全体、キリスト教全体のために祈っているからです。それは、祈りの初めから終わりまで「われらの」、「われらを」と、複数形で言われていることにも表れています。人がその人個人として完全に身をゆだね、自分がその状態にあることを知っていたとしても、だからといって、人類全体のために「パテル」のすべての願いを唱えることを妨げることはできません。モーセはあれほど身をゆだね、あれほど神に忠実で、あれほど聖なる人でしたが、それでもなお、イスラエルの民のために祈っていなかったでしょうか？　主にこう言わなかったでしょうか？「私たちの罪と過ちを消し去ってください。私たちをあなたの遺産にしてください」（出エジプト記三四章九節）と？

みによって書かれたものから、好意的な結果を引き出してくださるよう祈ります。

16. 二つめの問題は、「神との合一」について書き、それがこの世からすでに可能であるとしたことについてです。それは、多くの聖人たちによって書かれてきた真実です。イエス・キリストは、この合一を私たちのために求め（ヨハネ一七章二一節）、私たちにその確信を与えました。支障となるようなものは何もありません。

この件について、私に訴えてきた人々には、そこに支障があるように思われました。問題は私が「本質的合一」、あるいは直接的合一は、「固有性を失うことによって」しか生じえないと述べているという点です。彼らは欲望以外の固有性を知らないと言います。そこから結論を引き出し、私たちが生きているかぎり、欲望は残るのであり、この世にいて欲望から解放されうるというのは間違いであると主張します。また、本質的、あるいは直接的合一が、欲望からの完全なる解放によってしかなしえないとしたら、それはこの世のためのものではない。なぜなら、欲望から完全に解放された状態があるなどというのは間違いであるからと言います。

17.

これらの理由は、ある意味、実に正しく、まず人々の精神を納得させ、それに反する見解は間違っているという考えを容易に与えてしまいます。しかしその点に関して、本書の中で述べられていることに誤りは何もありません。ただ、うまく説明されていない見解が多くあるというだけです。けれども、ここで述べることを人々の判断にゆだねます。

私が常に「固有性」という名で表したものは、「精神」の中にあります。私が「欲望」という名で呼んだものは、「肉体」の中にあります。「固有性」は、私の理解するところでは、「精神的」欲望であり、神にのみ帰すべきであるものをわがものとし、最良のものを損なっています。「固有性」は、神がなさるすべてのことにおいて、自分の取り分を盗み取ります。それは精神的罪の源であり、内的盗みと内的偽装の源泉です。それによって人は、自分が何であるかの認識を遠ざけ、神から奪い取ったものを身にまといます。「固有性」は、神との合一に完全に対立するものであり、神は魂に合一の恵みを与える前に、それを破壊します。

神はどのように「固有性」を破壊するのでしょう？　自分が何であるかについて真の体験を与え、人が横取りしたものを剝ぎ取ることによってです。それこそが、神と自己を真に認識することであり、聖アウグスティヌスが切に求めていたものです。

18.

私たちが何であるかという根本的体験から来る認識は、確実で真実な「自己認識」です。「神の認識」は、私たちが横取りしたものを「剝ぎ取ること」から生じるものであり、私たちがこの世でもちうるもっとも完全な認識です。なぜなら私たちは、神が全なるものであることを信じることによって神を認識し、私たちが無であることを信じることによって自己を認識するからです。

この二重の認識は、無私無欲の「純粋な愛」を生み出します。それは全なるもののためにすべてを欲し、無なるもののためには無そのもの以外何も望まず、求めない愛です。それは、完全なる「謙遜」と、忍耐と、穏やかさと、その他の美徳の源です。なぜなら、何ものにも値しない人は何ものも求めず、損害を与えられているとも思わないからです。

このように固有性を捨て去ることによって、魂は単純で従順な、身をゆだねたものとなります。その結果、純粋な愛徳をとおして、神そのものにほかならない至高の単純なる真実に合一するよう、魂が整えられます。

19.

第三の問題は、二四章（四節）で金の精錬、「表面的不純さ」の浄化について述べた箇所です。神が私の証人となってくださいますが、私は外的でごく自然な、いくつかの欠点以外の何かについて話そうとしたつもりは決してありませんでした。それらの欠点は、神が最も偉大な聖人たちにも残しておいたものです。それは、彼らを傲慢から守り、外観でしか判断しない人々の目から守るためです。また、彼らを腐敗から守り、「御《み》顔《かお》の神秘の中に隠す」（詩篇三〇［三一］篇二一節）ためです。私がこのことを書いたときと同様、それ以来、人々が語ってきたような悪習について、私は一度も言及したことはありません。そのようなことは一度も頭に浮かんだことがなく、そのような結論をそこから引き出しうるとは、まったく想像もしませんでした。本章では、誘惑と苦悩の火にかけられ、すでに浄化された魂のことしか述べておらず、それだけいっそう信じていただけると思います。

20.

最後の問題は、恩寵の中で信仰が堅められた状態、「継続的状態」が、この世で「失われることはない」ことを、私が立証しようとしたというものです。これについてお答えします。私はたしかに「継続的状態」を立証しようとしました。しかし、「失われることのない」状態についてではありません。以下にご説明します。

私が内面にとっての「継続的状態」と呼ぶものは、人が霊的生活のはじめに絶え間なく体験する浮き沈みから解放された状態のことです。その体験が終わると、長い習慣によって、魂が善の中に据えられ、神の現存の実践によって、この実存が自然なものとなり、私たち自身の意志が、私たちを引き止めているところから遠ざかることで、先に説明したような仕方で、神は私たちを完全なるゆだねの中に引き入れてくださいます。そのことを私は「継続的」と呼んでいます。正当性も、成聖の恩寵のことも、私はそうしたことを知るにはあまりに無知であるため、まったく考えませんでした。それゆえ、この「継続性」について述べておきたいと思いました。それはイエス・キリストご自身が私たちに語り、聖ヨハネがその書簡の中で実に見事に教えているものです。イエス・キリストは、完全なるゆだねについて語り、「もし人が私の意志を行うなら、私たちはその人のもとに行き、その人の中に住まいを造る」（ヨハネ一四章二一、二三節）と言いました。この住まいとは、内的継続性を表しています。イエス・キリストは、「私の愛にとどまりなさい」（ヨハネ一五章九節）と言わなかったでしょうか？　聖ヨハネは、「愛の中にとどまる者は、神の中にとどまるのです」（一ヨハネ四章一六節）と言わなかったでしょうか？　聖ヨハネの書簡のその他の箇所は長くなるので引用しません。聖パウロは言わなかったでしょうか？「私たちは確信しています（実に意味深い言葉です）。死も命も、われらの主イエス・キリストのうちにある神の愛から、私たちを引き離すことは決してできません」（ローマ八章三八、三九節）。

不都合な意味と優れた意味をもたないものは何もありません。もし人が、愛徳に満ちた注意をもって本書を読んでくださるなら――本書は単純に書かれているため、それを必要とします――この本に対して立ちあがった雲は容易に消え去るだろうと確信しています。そして、読者の愛徳は私の無知を補い、私が述べようとして、うまく表現できなかった真理を味わわせてくれるでしょう。私は常に従順によって書いてきました。私が書いたことのすべてを、人々の判断にゆだねてきました。そして今また、すべてをゆだねます。教会の精神からわずかでも逸脱するよりは、死んだほうがよいと思っていることを確言します。それゆえ、本書について、人がどのようになさろうと私は心配しません。本書の運命がどのようなものになろうと、私は満足することでしょう。なぜなら、私の作品が破棄されるにせよ、成功するにせよ、私はただ神の意志のみを求めているからです。

一六九〇年四月

解題

宗教は人と神との公的関係であるが、祈りは人と神との個的関係である。
（オノレ・ド・バルザック「祈禱論」）

出版の経緯

ギュイヨン夫人（ジャンヌ＝マリー・ブヴィエ・ド・ラ・モット・ギュイヨン Jeanne-Marie Bouvier de La Mothe Guyon）は、一七世紀フランスの霊的著述家である。『短く簡単な祈りの方法』は、ギュイヨン夫人の最初の出版物であり、グルノーブル滞在中に印刷された。出版の経緯は『自叙伝』に記されている。

高等法院の裁判官で、聖性の模範である方が私に会いにやってきました。この神のよき僕は、机の上に、私がずいぶん前に書いた祈りの手引きを見つけました。彼はそれを手に取り、大変気に入って、この手引きが役立つと思った彼の友人の幾人かに差しあげました。みながその写しを欲しがりました。彼はカプチン会修道士の方とともに、この手引きを印刷させることを決め、内容を整えるよう私に頼みました。私はそのようにし、少し加筆し、小さな序文を添えました。彼らは『短く簡単な祈りの方法』というタイトルで印刷させました。この小さな冊子は、私を投獄する口実に使われることになりますが、このようにして印刷されたのです。この裁判官は私の親しい友人のひとりで、気高い神の僕です。このあわれな小冊子は、迫害にもかかわらず、すでに五、六回も印刷され、主はこの本にとても大きな祝福を与えています。あのよき修道士の方々は、一五〇〇部も引き取りました。

（『自叙伝』第二部二章一〇節）

本書が印刷されたのは一六八五年三月であるが、執筆された時期と場所は定かでない。ルイ・ゲリエは一六八二年のトノン滞在中、『奔流』執筆以前としている一方、ドミニック・トロンは一六八四年、『奔流』執筆後、サヴォワ・ピエモンテ地方滞在期としている。(1) いずれにせよ、ギュイヨン夫人が故郷モンタルジを去り、サヴォワ地方で執筆をはじめた最初期のものである。この原稿がグルノーブルで有徳の士により見出され、本文七九ページに、スペイン人神父ファン・ファルコーニの手紙二〇ページが添えられ、一二折本のポケット版で印刷されるや、たちまち反響を呼び、新たな祈りの霊性を求める人々に受容されていく。

しかし、時代は「異端」(2) 弾圧の不穏な方向へ向かっていた。一六七五年、スペインではイエズス会士ミゲル・デ・モリノスが『霊の導き』を刊行し、多くの人に読まれる一方、その「静寂主義」（キエティスム）的思想に強い反発が起こり、一六八五年七月、教皇庁によって異端とされ、ローマで逮捕される。(3) フランスではルイ一四世が、国家統一のためにはカトリックへの統一が不可欠と考え、一六八五年一〇月にナントの王令を廃止し、改革派の人々がオランダ、イギリス、ドイツ、スイスへと亡命する事態となる。こうした衝撃にもかかわらず、『祈りの方法』は一六八六年にパリとリヨンで第二版が、一六九〇年にはパリとルーアンで第三版が出版されていく。『祈りの方法』は出版許可を得ていたが、それもむなしく、フランスにおける静寂主義論争の引き金となってしまう。一六九〇年、神学者ジャン＝ジャック・ボワローの求めにより「『祈りの方法』のための弁明」が書かれ、一六九四年には、ギュイヨン夫人を擁護し、静寂主義論争の犠牲者となるフェヌロンの協力のもと、六七項目からなる長大な『弁明書』（全三巻、一七二〇年刊行、一七九〇年再版）が執筆される。この『弁明書』は、検閲官たち、とくにモーの司教ボシュエに向けて書かれたもので、

（1）Louis Guerrier, *Madame Guyon, sa vie, sa doctrine et son influence*, Paris, Didier, 1881, p. 88. *Correspondance*, t. I, éd. critique par Dominique Tronc, Paris, H. Champion, 2003, p. 14 ; *Œuvres mystiques*, éd. critique par Dominique Tronc, Paris, H. Champion, 2008, p. 63.

（2）「当時の〈異端〉と〈正統〉の境界線は、さまざまな政治的要素もからんだ、きわめて微妙な、流動的なものであり、彼らの教説をいわゆる〈正統〉神秘家の教えから截然と区別することは容易ではない」（鶴岡賀雄「〈キエティスム〉について」、『キリスト教神秘主義著作集　第一五巻　キエティスム』四九〇頁）。

（3）鶴岡賀雄「モリノス」、『キリスト教神秘主義著作集　第一五巻　キエティスム』四九六―五〇四頁。

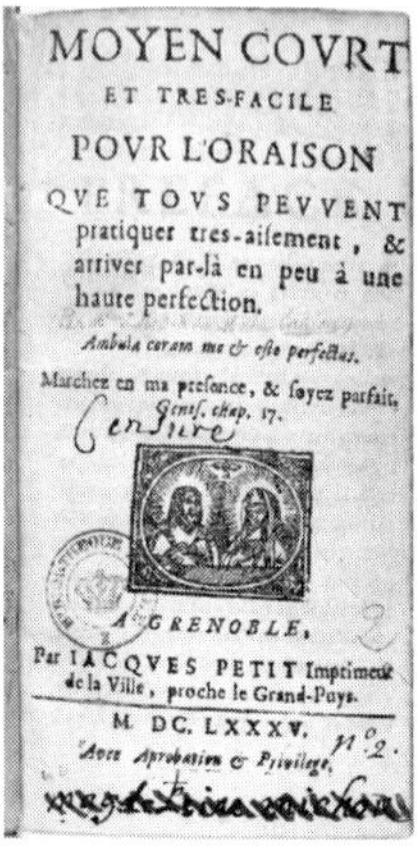

『短く簡単な祈りの方法』
グルノーブル、1685年
gallica.bnf.fr
Bibliothèque nationale de France

« I. abandon »（身をゆだねること）、« II. actes »（行為）、« III. anéantissement »（自己を無とすること）と、キーワードがアルファベット順に並べられ、『祈りの方法』と『雅歌註解』から該当箇所が引用されている。そのあとに『キリストにならいて』、アビラのテレサ、十字架のヨハネ、フランソワ・ド・サルなど、教会の権威とされる著者の関連テクストが引用され、ギュイヨン夫人の思想がキリスト教の伝統に連なるものであることを示す内容になっている。短期間に膨大な神学書、神秘的著作の関連箇所が集められ引用された超人的な作品であるが、ボシュエはこの書を読むことを拒み、断罪へと導いた。

本書の内容

本書の表紙に記されたタイトルは、『誰でもたやすく実践でき、まもなく高次の完成にいたることができる短く簡単な祈りの方法』という長いものである。こうした内容説明的なタイトルは、ギュイヨン夫人の著作全体に見られるものであるが、フランス語と英語では、短縮して『短い方法』（*Le Moyen court / A Short Methode*）とも呼ばれる。しかし、今日の多くの読者にとって、簡単に読める本ではないだろう。ギュイヨン夫人が示す「祈り」とは、ロザリオの祈りなどのように、口で繰り返し唱え、指でロザリオの珠をつまぐり、外的行為として確認できる口禱《こうとう》の祈りではなく、沈黙の中で心の奥に潜心していく念禱《ねんとう》の祈りである。念禱は、カルメル会改革者アビラのテレサが『完徳の道』でも教えている祈りであるが、慣れない読者には雲をつかむような次元の話かもしれない。一方で、座禅やヨガや瞑想の体験がある読者には、感覚的にわかるものがあるかもしれない。

ギュイヨン夫人は幼い頃、フランソワ・ド・サルの著作とシャンタル夫人の伝記を読み、心でする祈りがあることを知った。シャンタル夫人の「神への単純なまなざしの祈り」(4)こそ、モリノスとギュイヨン夫人が、それぞれ深く共感して、受け継いでいるものである。ギュイヨン夫人は、静寂主義論争が起こるまで、モリノスの存在すら知らなかったというが、両者は少なくともシャンタル夫人という共通の源泉から内的祈りの本質を汲みとっていた。幼いジャンヌはこの祈りを実践したいと思い、指導司祭に尋ねたが、その人は念禱の仕方を知らなかったため、手探りで実践していった。(5)聖母訪問会創設者として尊敬されるシャンタル夫人においては、女子修道院内の革新であっ

(4) ルイ・コニェ『キリスト教神秘思想史 三 近代の霊性』、上智大学中世思想研究所翻訳・監修、平凡社、一九九八年、三九九頁。モリノス『霊の導き』鶴岡賀雄訳、『キリスト教神秘主義著作集 第一五巻 キエティスム』六〇―六二頁。

(5) シャンタル夫人とギュイヨン夫人の証言からは、当時フランスでは、神との合一に向かう内的祈りに引き寄せられながら、こうした体験を知らない聴罪司祭から不適切な指導を受け、苦しむ女性が多くいたということがわかる。「私は、私たちの修道会の娘たちの祈りに対する傾向が、その単純に神の現前にあずかるということにあると思っています。そこでは、何もすることができずに無為のままです。そして何かをしたいと思う娘たちはすべてを損ない苦

たものが、ギュイヨン夫人の『祈りの方法』によって、各地の一般信徒や修道者だけでなく、宮廷、サン＝シールの王立学校にまで波及し、王国の宗教統一路線を乱すものとなっていく。本書のエピグラフに「わが現前を歩み、完全なものとなりなさい」とあるように、ギュイヨン夫人が伝えようとしたのは、神の現存を自己の内部に感じ、神とともに生きることで、完徳へといたる道であった。個々人が霊的に目覚め、自己の内部に潜心して神の働きかけに身をゆだねていく内的祈りは、人の心と生き方を変えるだけでなく、既成の価値観を突き崩し、社会を変革する力も秘めていた。

『祈りの方法』の執筆後、ギュイヨン夫人は『聖書註解』全二〇巻を著すことになるが、この小さな本にもすでに聖書の言葉が自由自在に引用されている。在俗の女性がひとりで聖書を読み、聖霊の息吹のもとで内的意味を理解し解説していくところにも、新たな時代の到来が感じられる。

翻訳について

本作品の初版は、ギュイヨン夫人が聖霊のインスピレーションを受け、目の前の人に語りかけるように一気に書きあげたことが感じられるテクストである。しかし、刊行後まもなく弾圧の対象となったため、翌年の第二版では多くの修正が施されている。今回の翻訳にあたっては、一六八五年の初版を再現することに努め、意味の取りにくいところや、必要な加筆と思われる部分などは第二版以降の修正を取り入れて訳出した。ただし、初版のテクストは、改行も段落分けもない一息の文章で綴られているため、編纂者ピエール・ポワレ(6)が施した節番号、段落分けが今日の校訂版テクストでも採用されている。今回の翻訳にあたっては、ポワレが振った節番号と段落分けをほぼ踏襲している。フランス語校訂版はマリー＝ルイーズ・ゴンダルとドミニック・トロンによる二種が刊行されており、両者を参照した。マリー＝ルイーズ・ゴンダルは一六八五年にグルノーブルで出版された初版を底本とし、ドミニック・トロンはピエール・ポワレによるエディションの再版（一七二〇年版）を底本としている。

一六九〇年に書かれた「『短く簡単な祈りの方法』のための弁明」は、一七一二年にピエール・ポワレ編纂による『霊的小論集』第二巻冒頭に収められた。一七二〇年と一七九〇年の『霊的小論集』再版では、第一巻に移され、『祈りの方法』のあとに収められている。マリー＝ルイーズ・ゴンダルは『祈りの方法とその他の霊的テクスト集』に再録しているが、イタリック表記など、ポワ

痛を感じるのです。しかしながら修道者の方々のご意見は、一般にこのことには強く反対しています。このために娘たちはとても苦痛を感じております。そしてときには、彼女たちを導いている修道女たちも苦しむのです」（ルイ・コニェ『キリスト教神秘思想史　三　近代の霊性』三九八頁）。

（6）ピエール・ポワレは一六四六年、メスに生まれ、バーゼル、ハーナウ、ハイデルベルクで神学を学んだあと、改革派の牧師となった。その後、牧師職を辞し、霊的探求と神秘的著作の出版活動に専念する。フランドルの神秘家アントワネット・ブリニョンの著作一九巻とギュイヨン夫人の著作四〇巻を編纂出版した。一七一九年、オランダのレインツブルフで死去。Cf. Marjolaine Chevallier, « Madame Guyon et Pierre Poiret », *Madame Guyon*, Grenoble, J. Millon, 1997, p. 35-49. 村井文夫「アントワネット・ブリニョンの『生涯』をめぐって」、『高岡法科大学紀要』第六号、一九九五年、一一一－一二三頁。村田眞弓「ピエール・ポワレ――神秘主義と寛容」、『お茶の水女子大学人文科学紀要』第五四巻、二〇〇一年、六一－七四頁。

レのエディションとは異なる箇所がある。本書ではポワレのエディションをもとに訳出した。

日本語の信心書では、神への敬語が使われることが通常であるが、敬語によって回りくどくなることを避けるため、本書では直訳を基本とし、神や読者に対する敬語を最小限にとどめた。訳者の方針としては、内的祈りに関心をもつ日本の読者が、できるだけ理解しやすい形で読めることをめざした。

訳者あとがき

ギュイヨン夫人の作品と最初に向き合ったのは、パリで博士論文を準備していた時期のことである。その頃はフランス国立図書館に通い、一七世紀末から一八世紀末にかけて出版されたギュイヨン夫人の著作を手に取り、初版と再版の全体像を把握しようとしていた。それは、バルザックが読んだ作品とエディションを特定化するための基礎作業であった。博士論文の作業を終え、帰国したあとも、ギュイヨン夫人は心の中にありながら、日々の生活やほかの研究テーマの背後に追いやられ、ときおり機会が訪れては取り組むというふうに、ゆるやかに関わりつづけてきた。ある夏、ギュイヨン夫人の本を携え、その生涯や思想に思いを向けながら、モンタルジ、トノン、グルノーブル、ブロワと、足跡をたどる旅をしたことが、各地の風景とともに思い出される。

ギュイヨン夫人の生涯と思想を紹介したいという思いはあったものの、『自叙伝』だけでも長大で、作品群と書簡集も膨大であるため、どの作品から着手し、どのようにまとめたらよいか、長いこと手探りの状態がつづいた。ようやく『短く簡単な祈りの方法』の翻訳に焦点を定めたのは、今思えば、新型コロナの流行により外出自粛生活がはじまり、内面に深く降りていく日々のさなかのことであった。仕事の合間に翻訳の作業を少しずつ進め、ひととおり訳し終えてからも、見直しやほかの関連テクストの翻訳などが残り、一冊の本として完成にいたらないまま、静かに寝かせている状態がしばしつづいた。あるとき、この内的祈りの書を送り出さなければという思いが湧きあがり、仕上げの作業に取りかかった。出版社を考えたときに思い浮かんだのが、キリスト教出版社で、ギュイヨン夫人の唯一の翻訳『奔流』が刊行されている教文館であった。淡い夢のように思い描いていたことが、そのあとは不思議な流れで現実になっていった。

*

本書の出版にあたっては、教文館出版部長の石川正信さま、編集・制作全般をご担当いただいた出版部の髙橋真人さま、洋書部の中川忠さま、編集にご協力いただいた森本直樹さま、デザイナーの熊谷博人さまにお力添えをいただき、かたちにすることができました。表紙の水彩画は、アトリエルピナスの小菅昌子さまから使用許可をいただきました。表紙のデザインを考えていたときに偶然出会ったのが、大自然のオーラのような淡く優しい色彩のこの水彩画でした。出版作業に入ってから、教文館でちょうど開かれていた展示会にて小菅さまとひとときお話しすることができ、「響き合う水の色」という美しいタイトルをもつ絵であったことを教えていただきました。支えてくださったみなさまに心より御礼申しあげます。

二〇二二年七月二二日
マグダラのマリアの祝日に
大須賀沙織

ギュイヨン夫人の作品、受容、研究

ギュイヨン夫人は30代なかばで執筆をはじめ、囚われの期間も含め、69歳で亡くなるまで、膨大なテクストを残した。1685年に『短く簡単な祈りの方法』をグルノーブルで出版後、同年にリヨンで『イエスの幼年期信心会の規則』を、1688年にリヨンで『雅歌註解』を出版するが、それ以後の作品は、ピエール・ポワレによって編集出版されている。オランダを拠点としていたポワレは、1699年から1719年に亡くなるまで、ギュイヨン夫人の著作40巻を出版したが、出版地をケルンと偽り、実際はアムステルダムで出版している。当時、静寂主義論争で断罪されたギュイヨン夫人の著作を出版できるのは、寛容の国オランダしかなかったためであるとされる[(1)]。その後1767年から1768年にロンドンで書簡集5巻が、また、1790年から1791年にかけてはパリで、書簡集を除く35巻が再版された。ギュイヨン夫人の著作は、祈りと霊的教えに関する書、聖書の内的意味の解説書、神への愛と内的祈りをテーマにした詩集、内的生活に関する書簡集に分類できる。そのほか、『祈りの手引き』と『雅歌註解』のための『弁明書』と、ラ・コンブ神父の勧めで書きはじめ、弟子たちに乞われて執筆をつづけた長大な『自叙伝』がある。1685年から1791年まで、以下の著作（フランス語タイトルは現代の表記に改めた）が出版された[(2)]。

1.『短く簡単な祈りの方法』*Moyen court et très facile pour l'oraison*, Grenoble,

（1）Marjolaine Chevallier, « Madame Guyon et Pierre Poiret », *Madame Guyon*, Grenoble, J. Millon, 1997, p. 39-40.

（2）Saori Osuga, *Séraphîta et la Bible : sources scripturaires du mysticisme balzacien,* Honoré Champion, 2012, p. 228-234.

1685 ; *Moyen court et très facile de faire oraison,* Paris, Lyon, 1686 ; Paris, Rouen, 1690.

2. 『イエスの幼年期信心会の規則』 *Règle des Associés à l'Enfance de Jésus*, Lyon, 1685 ; 1705.
3. 『雅歌註解』 *Le Cantique des Cantiques de Salomon, interprété selon le sens mystique,* Lyon, Paris, 1688.
4. 『静寂主義論争に関わる神秘神学論集』 *Recueil de divers traités de théologie mystique, qui entrent dans la célèbre dispute du Quiétisme*, Cologne, 1699.
5. 『霊的小論集』 *Les Opuscules spirituels*, Cologne, 1704-1712, 2 vol. ; 1720 ; Paris, 1790.
6. 『新約聖書註解 ―― 内的生活に関する解説と考察』 *Le Nouveau Testament* [...] *avec des explications & réflexions qui regardent la vie intérieure,* Cologne, 1713, 8 vol.
7. 『旧約聖書註解 ―― 内的生活に関する解説と考察』 *Les Livres de l'Ancien Testament avec des explications & réflexions qui regardent la vie intérieure,* Cologne, 1714-1715, 12 vol.
8. 『聖書註解 ―― 内的生活に関する解説と考察』 *La Sainte Bible avec des explications et réflexions qui regardent la vie intérieure*, Paris, 1790, 20 vol.
9. 『内的生活に関する霊的キリスト教論集』 *Discours chrétiens et spirituels sur divers sujets qui regardent la vie intérieure*, Cologne, 1716, 2 vol. ; Paris, 1790, 2 vol.
10. 『神を愛する魂』 *L'Âme amante de son Dieu*, Cologne, 1717.
11. 『霊的キリスト教書簡集』 *Lettres chrétiennes et spirituelles*, Cologne, 1717-1718, 4 vol. ; Londres, 1767-1768, 5 vol.
12. 『弁明書』 *Les Justifications de Mad. J.M.B de la Mothe Guion*, Cologne, 1720, 3 vol. ; Paris, 1790, 3 vol.
13. 『自叙伝』 *La Vie de Madame J.M.B. de La Mothe-Guyon, écrite par elle-même,* Cologne, 1720, 3 vol. ; Paris, 1791.
14. 『内的生活に関する霊的詩集・讃歌集』 *Poésies et Cantiques spirituels sur*

divers sujets qui regardent la vie intérieure, Cologne, 1722, 4 vol. ; Paris, 1790.

ギュイヨン夫人の著作は、オランダ、イギリス、ドイツなど、プロテスタントの国々で翻訳が刊行され、受容されていったのに対し、カトリック国フランスでは異端視された影響により、出版が途絶えてしまう。しかしやがて、19世紀ロマン主義の時代に入ると、大革命後のフランスで新たな宗教のかたちを模索していたオノレ・ド・バルザックが、ギュイヨン夫人の神秘思想を見出し、光を当てている。教会権力の権威が失墜し、懐疑に蝕まれた19世紀フランスで、バルザックは原始キリスト教の神秘主義に立ち返る道を提示する。バルザックによれば、その神秘主義とは、イエス・キリストから発し、使徒ヨハネ、砂漠の隠修士、中世パリの神秘神学をとおって、ヤコブ・ベーメ、アントワネット・ブリニョン、ギュイヨン夫人、フェヌロン、スウェーデンボルグ、サン＝マルタンへと受け継がれてきたものであった（『神秘の書』序文）。バルザックはギュイヨン夫人の神秘的祈りを受け継ぎ、『セラフィタ』第6章「天国にいたる道」に結実させている[(3)]。また、歴史家ジュール・ミシュレはギュイヨン夫人の『自叙伝』を読み、ギュイヨン夫人の子どものような純真さに感嘆し、民衆を愛し、施療院を作らせたこと、若い女性たちの心を解放したことなどに深い共感を寄せる一方、『奔流』をとりわけ高く評価している（『フランス史』）。

オノレ・ド・バルザック『ルイ・ランベール』Honoré de Balzac, *Louis Lambert*, Paris, Gosselin, 1832 ; *Livre mystique,* t. I, Paris, Werdet, 1835.

――『セラフィタ』*Séraphita, Le Livre mystique*, t. II, Paris, Werdet, 1835.

ジュール・ミシュレ『司祭、女性、家族について』Jules Michelet, *Du Prêtre,*

(3) オノレ・ド・バルザック『神秘の書』、水声社、2013年。大須賀沙織「バルザックにおける女性神秘思想家 ―― ギュイヨン夫人と内的祈り」、『フランス語フランス文学研究』、2016年、123-138頁。

de la femme, de la famille, Paris, Hachette, 1845.
――『フランス史――ルイ14世とブルゴーニュ公』Jules Michelet, *Histoire de France : Louis XIV et le duc de Bourgogne*, Paris, Hachette, 1862.

ミシュレののち、19世紀末からギュイヨン夫人に注目する人が現れてくるが、再評価の流れができるのは20世紀末以降である。1990年代に神学者マリー＝ルイーズ・ゴンダルが、ギュイヨン夫人のエッセンスとも言えるテクストをグルノーブルのジェローム・ミヨン社から複数刊行している。そして2000年以降、17世紀霊性の専門家ドミニック・トロンによる書簡、自叙伝、作品集の校訂版が、パリのオノレ・シャンピオン社から次々刊行されている。

ルイ・ゲリエ『ギュイヨン夫人の生涯、教義、影響』Louis Guerrier, *Madame Guyon, sa vie, sa doctrine et son influence*, Orléans ; Paris, Didier, 1881.
アンリ・ドラクロワ『神秘主義の歴史・心理学研究――偉大なキリスト教神秘家』Henri Delacroix, *Études d'histoire et de psychologie du mysticisme* : *les grands mystiques chrétiens*, Paris, F. Alcan, 1908.
エルネスト・セリエール『近代的霊魂の神秘的教育者――ルソーの先駆者、ギュイヨン夫人とフェヌロン』Ernest Seillière, *Les éducateurs mystiques de l'âme moderne : Mme Guyon et Fénelon, précurseurs de Rousseau*, Paris, F. Alcan, 1918.
エマニュエル・エジェルテール『ギュイヨン夫人――神秘的冒険家』Emmanuel Aegerter, *Madame Guyon : une aventurière mystique*, Paris, Hachette, 1941.
ルイ・コニェ『神秘家たちの黄昏』Louis Cognet, *Crépuscule des mystiques : Bossuet-Fénelon*, Paris, Desclée, 1958 ; 1991.
『ギュイヨン夫人とフェヌロン――秘密の往復書簡』*Madame Guyon et Fénelon : la Correspondance secrète*, avec un choix de poésies spirituelles, éd. par Benjamin Sahler, Paris, Dervy-Livres, 1982.

『ギュイヨン夫人自叙伝』*La Vie de Madame Guyon, écrite par elle-même*, éd. par Benjamin Sahler, Paris, Dervy-Livres, 1983.

イヴァン・ロスクトフ『聖女と妖精── 幼子イエスの信心』Yvan Loskoutoff, *La Sainte et la fée : dévotion à l'Enfant Jésus et mode des contes merveilleux à la fin du règne de Louis XIV*, Genève, Droz, 1987.

マリー＝ルイーズ・ゴンダル『ギュイヨン夫人── 新たな顔』Marie-Louise Gondal, *Madame Guyon (1648-1717) : un nouveau visage*, Paris, Beauchesne, 1989.

ギュイヨン夫人（テクスト抜粋集）『信じる情熱』*La Passion de croire*, textes choisis et présentés par Marie-Louise Gondal, Paris, Nouvelle Cité, 1990.

ギュイヨン夫人『捕囚の物語』*Récits de captivité*, inédit, texte établi, présenté et annoté par Marie Louise Gondal, Grenoble, J. Millon, 1992.

ギュイヨン夫人『奔流と雅歌註解』*Les Torrents et Commentaire au Cantique des cantiques de Salomon*, texte établi par Claude Morali, Grenoble, J. Millon, 1992.

ギュイヨン夫人『祈りの方法とその他の霊的テクスト集』*Le Moyen court et autres écrits spirituels : une simplicité subversive*, texte établi et présenté par Marie-Louise Gondal, Grenoble, J. Millon, 1995.

マリー＝ルイーズ・ゴンダルほか『ギュイヨン夫人』（1996年9月にトノンで開催された研究発表論集）Marie-Louise Gondal *et al., Madame Guyon [Rencontres autour de la vie et l'œuvre de Mme Guyon]*, Grenoble, J. Millon, 1997.

ギュイヨン夫人『煉獄』*Le Purgatoire*, textes présentés par Marie-Louise Gondal, Grenoble, J. Millon, 1998.

マリー＝ルイーズ・ゴンダルほか
論集『ギュイヨン夫人』
Marie-Louise Gondal *et al.*,
Madame Guyon, J. Millon, 1997.

ギュイヨン夫人『祈りの方法』*Le Moyen court*, texte établi par Marie-Louise Gondal, Paris, Mercure de France, 2001.
ギュイヨン夫人『自叙伝』*La Vie par elle-même, et autres écrits biographiques*, édition critique par Dominique Tronc, Paris, H. Champion, 2001 ; 2014, 2 vol.
ギュイヨン夫人『書簡集』全3巻（第1巻「霊的指導」、第2巻「闘争の時代」、第3巻「神秘的な道」）*Correspondance*, t. I. *Directions spirituelles* ; t. II. *Années de combat* ; t. III. *Chemins mystiques*, édition critique par Dominique Tronc, Paris, H. Champion, 2003-2005.
ギュイヨン夫人『内的生活に関する著作』*Écrits sur la vie intérieure*, présentation par Dominique et Murielle Tronc, Orbey, Arfuyen, 2005.
ギュイヨン夫人『神秘的著作集』（『祈りの方法』、『奔流』、『聖書註解』抜粋ほか）*Œuvres mystiques*, édition critique par Dominique Tronc, Paris, H. Champion, 2008.
ギュイヨン夫人ほか『純粋な愛の教義――フランソワ・ド・サル、パスカル、ギュイヨン夫人』*La doctrine du pur amour : saint François de Sales, Pascal et Mme Guyon*, choix de textes par Roger Parisot, Paris, Pocket, 2008.
ギュイヨン夫人『試練の時代』*Les années d'épreuves de Madame Guyon : emprisonnements et interrogatoires sous le roi très chrétien*, documents biographiques rassemblés par Dominique Tronc, H. Champion, 2009.
ギュイヨン夫人『内的生活論集』全2巻 *Discours sur la vie intérieure*, publiés par Pierre Poiret, présentés par Murielle et Dominique Tronc, Mers-sur-Indre, Centre Saint-Jean-de-la-Croix, 2016, 2 vol.
ギュイヨン夫人『短く簡単な祈りの方法』（口語訳）*Méthode courte et très facile pour faire oraison*, traduit en français courant par Élisabeth Lenert et Lucienne Potin, Paris, Perpignan, Éditions Artège, 2017.

2017年には、ギュイヨン夫人没後300年を記念して、ジュネーヴ大学で国際学会が開催された。

「ギュイヨン夫人――ヴェルサイユ宮廷における神秘主義と政治」
« Madame Guyon (1648-1717). Mystique et politique à la Cour de Versailles », Université de Genève, 23-25 novembre 2017.

英語圏では『祈りの方法』と『自叙伝』を中心に数多くの翻訳が出版されている。日本では、村田真弓氏の翻訳による『奔流』が出版されている。
ギュイヨン夫人『奔流』村田真弓訳・解説、『キリスト教神秘主義著作集　第15巻　キエティスム』、教文館、1990年。

現在、17世紀から18世紀に出版されたギュイヨン夫人のテクストは、ガリカ（Gallica：フランス国立図書館の電子図書館）とグーグルブックスで手軽に読むことができ、また、ドミニック・トロンがホームページ上でテクストデータを公開している。
「ギュイヨン夫人を読む」Dominique Tronc, *Lire Madame Guyon*.
http://www.cheminsmystiques.fr/index_guyon.html

ギュイヨン夫人　年譜

年譜の作成にあたって主に参照したのは、ギュイヨン夫人の『自叙伝』、ドミニック・トロンによる年譜（『自叙伝』巻末、『書簡集』第1巻序文、第2巻序文）、ルイ・ゲリエ『ギュイヨン夫人の生涯、教義、影響』である(1)。ギュイヨン夫人の『自叙伝』には、年代がほとんど記されておらず、月日の認識も典礼暦の祝日で記されている。出来事の年代が明確でなく、参照した文献の中でも一致しないことがあり、時期が不確かな出来事はおおよその年代のところに記した。かっこ内は『自叙伝』からの引用である。

I. モンタルジ――誕生から33歳まで

フランス中部に位置するモンタルジは、ロワン川とブリアル運河に囲まれた美しい町である。小さい町ながら、ウルスラ会、聖母訪問会、ドミニコ会、ベネディクト会など複数の修道院があった。ギュイヨン夫人の生家の近くにはマグダラのマリアにささげられた聖マドレーヌ教会が今も残る。ギュイヨン夫人が生まれたブヴィエ・ド・ラ・モット家は、モンタルジでもっとも由緒ある家柄のひとつであった。父クロード・ブヴィエはラ・モットとヴェルゴンヴィルの領主であった。

---

(1) *Correspondance*, t. I, « Brève chronologie de la vie et de l'œuvre », p. 13-16 ; t. II, « Chronologie des années 1690-1698 », p. 35-46, établies par Dominique Tronc, Paris, H. Champion, 2003, 2004. *La Vie par elle-même, et autres écrits biographiques*, édition critique par Dominique Tronc, Paris, H. Champion, 2014, 2 vol. Louis Guerrier, *Madame Guyon, sa vie, sa doctrine et son influence*, Paris, Didier, 1881. 日本語では次の論文がある。村井文夫「ギュイヨン夫人の「生涯」（I）――ある神秘家の自伝をめぐって」、『高岡法科大学紀要』第2号、1991年、159–181頁。

1648年	4月13日、ジャンヌ＝マリー・ブヴィエ・ド・ラ・モット、モンタルジで誕生。5月24日、受洗。生まれたときから病弱で、生涯たびたび病気に見舞われる。ジャンヌは神さまの話を聞くのが好きで、「父が神さまの話をすると、私はうれしくて有頂天になりました。[…] おお、神さま、父はいつもあなたの話をし、この上ない満足を私に与えてくれました」。
1655年（7歳）	姉のいるウルスラ会修道院に預けられる。深い祈りの人であったこの姉が、ジャンヌに信仰と教養の手ほどきをした。中庭の奥に幼子イエスにささげられた礼拝堂があり、ジャンヌは毎朝ひそかに自分の朝食を運び、幼子イエスにささげていた。
1658年（10歳）	ドミニコ会修道院に預けられる。天然痘にかかり、3週間寝たきりとなる。部屋にあった聖書を朝から晩まで読みつづけ、物語をすっかり覚えてしまう。
1659年（11歳）	初聖体の準備のため、姉のいるウルスラ会で四旬節を過ごす。姉の手引きで準備をし、復活祭に初聖体を受ける。聖霊降臨祭まで滞在。初聖体の日から、聖母の聖務日課を欠かさず実践するようになる。頻繁に告解し、2週間おきに聖体拝領。この頃、フランソワ・ド・サルの『信心生活入門』と『神愛論』、シャンタル夫人の伝記を読み、心の祈りを知るが、誰も教えてくれる人がおらず、手探りで実践しようとする。聖母の聖務日課と念禱を毎日実践しようとするがむずかしく、聴罪司祭に相談したところ、聖母の聖務日課を優先すべ

	きと指導され、心の祈りから離れてしまう。「祈りから離れたときに、神から離れたのです」。
1660年（12歳）	フランソワ・ド・サルへの愛とシャンタル夫人への憧れから、聖母訪問会の修道女になることを熱望し、頻繁に聖母訪問会に祈りに行く。しかし12歳という幼さのため、父と修道会は入会を認めない。
1664年（16歳）	本人の意に反し、ジャック・ギュイヨン・デュ・シェノワとの結婚が決められる。22歳年上のジャック・ギュイヨンはシェノワの領主で、ブリアル運河の領主のひとりでもあった。ジャンヌは結婚するやいなや、修道女になる夢を思い出し、打ちひしがれる。夫と義母と3人での結婚生活がはじまる。
1665年（17歳）	5月21日、長男アルマン＝ジャック誕生。
1666年（18歳）	重病。深夜に終油の秘跡を受ける。
1667年（19歳）	フランシスコ会修道士アルカンジュ・アンゲランと出会う。「あなたはご自分の中におもちのものを外に探しておられます。ご自分の心の中に神をお探しなさい。そうすれば神を見出すでしょう」。この言葉が矢のように胸に刺さり、愛に満ちた深い傷を負う。
1668年（20歳）	1月8日、次男アルマン＝クロード誕生。マグダラのマリアの祝日（7月22日）、神の愛に触れられ、甘美な愛の傷を負う。それ以来、神の中に沈潜するようになったギュイヨン夫人は、聖母も諸聖人も、ひとりの崇敬の対象として見ることができなくなり、すべてを神のうちに見るようになる。ア

	ルカンジュ・アンゲランをとおして、女子ベネディクト会修道院長ジュヌヴィエーヴ・グランジェと知り合う。
1669年（21歳）	2月6日、長女マリー＝アンヌ受洗。
1670年（22歳）	9月、子どもたち3人が天然痘にかかる。10月、ギュイヨン夫人も罹患、次男アルマン＝クロード死去。
1671年（23歳）	女子ベネディクト会修道院の聴罪司祭ジャック・ベルトが霊的指導者となる。異母兄弟でバルナバ会司祭のドミニック・ド・ラ・モットをとおして、トノンのバルナバ会司祭フランソワ・ラ・コンブと知り合う。
1672年（24歳）	昇天祭から聖霊降臨祭までの10日間、黙想のためパリ近郊の修道院にいた。6月2日の朝4時、父が亡くなったという強烈な印象に打たれ目を覚ます。その時刻に父が亡くなっており、急遽帰宅した日の深夜、娘マリー＝アンヌも急逝する。7月22日、グランジェ修道院長の導きで、幼子イエスとの霊的婚姻。婚姻の贈り物として、十字架、軽蔑、混乱、恥辱と屈辱をお与えくださいとイエスに求め、この婚姻をとおして、幼子のように小さき者、自己を無とする状態に入らせてくれるよう願う。これ以後、幼子イエスを霊的浄配として生きていく。
1673年（25歳）	7月、夫の頼みでアリーズ＝サント＝レーヌに巡礼し、子を授かるよう祈る。
1674年（26歳）	5月31日、第4子ジャン＝バティスト＝ドゥニ誕生。アリーズ＝サント＝レーヌなどにふたたび巡

	礼。10月、霊的支えであったジュヌヴィエーヴ・グランジェ（女子ベネディクト会修道院長）の死。長い暗夜のはじまり。
1676年（28歳）	3月21日、第5子ジャンヌ＝マリー誕生。7月21日、夫の死。
1680年（32歳）	暗夜の終わり。ラ・コンブ神父に手紙を書く。ジュネーヴ行きが頭に浮かぶ。所用で来ていたパリで、やはり偶然パリにいたジュネーヴ司教と面談し、ジェクスのヌーヴェル・カトリック（カトリックに改宗した子女の宗教教育施設）への参加を提案される。パリのヌーヴェル・カトリック修道院長と引き合わされ、準備が進められる。
1681年（33歳）	ヌーヴェル・カトリックの活動参加へのためらい。夫のいとこでパリ高等法院裁判官のドゥニ・ユゲに子どもたちの財産管理を託す。娘ジャンヌ＝マリーを連れて、ひそかにモンタルジを出発する。

モンタルジの聖マドレーヌ教会内部

2. サヴォワへ（33〜38歳）

サヴォワ公国は、フランソワ・ド・サルとシャンタル夫人が活動した土地であり、ギュイヨン夫人はジュネーヴ行きを望んでいた。ギュイヨン夫人の希望を知ったジュネーヴ司教は、ギュイヨン夫人の財産と上長としての能力を見込み、ヌーヴェル・カトリックの設立準備がされていたジュネーヴ近郊のジェクスに来るよう伝える。ギュイヨン夫人の莫大な寄付金がヌーヴェル・カトリックの資金にあてられるが、その活動に不信を抱いたギュイヨン夫人とジュネーヴ司教らとの間に亀裂が生じ、迫害へと転じていく。ギュイヨン夫人はサヴォワ公国（トノン、トリノ、ヴェルチェッリ）とサヴォワ近郊のグルノーブルに約5年間滞在する。

1681年（33歳）	マグダラのマリアの祝日（7月22日）の翌日、ジェクスに到着。9月、娘をトノンのウルスラ会修道院に預ける。ヌーヴェル・カトリックの上長になることを拒む。トノンのバルナバ会修道士ラ・コンブ神父が霊的指導者となる。長引く高熱、肺炎、消化不良で衰弱し、危篤に陥る。ラ・コンブ神父の祈りと按手で奇跡的に回復。12月、ラ・コンブ神父の指導のもと、トノンで12日間の黙想。トノンには共同で隠遁生活を送る娘たちがいた。「それは貧しい村娘たちで、よりよく稼ぎ、よりよく神に仕えるため、複数で集まり暮らしていました」。トノンのウルスラ会修道院に2年間滞在する。
1682年（34歳）	2月、ラ・コンブ神父の指導のもと、ウルスラ会修道院で黙想。貞潔、清貧、従順、教会への服従、イエスの幼年期の崇敬という5つの終生誓願を立てる。黙想中、執筆への衝動が起こり、『奔

	流』を執筆[2]。ラ・コンブ神父の勧めにより、『自叙伝』を書きはじめる。5月、娘の天然痘がラ・コンブ神父によって癒される。聖十字架称賛の祝日（9月14日）から翌年の聖十字架発見の祝日（5月3日）まで病床に臥す。この病気は彼女にとって浄化のための試練と理解され、病床で思うようにならない体を幼子のように預けきり、幼子の弱さと依存の神秘に浸透する体験でもあった。危篤に陥り、ラ・コンブ神父が呼ばれ、終油の秘跡を受ける。痙攣が心臓に達するが、ラ・コンブ神父が按手と祈りで命を救う。
1683年（35歳）	ギュイヨン夫人が病気の間、ラ・コンブ神父は貧しい病者のための施療院設立と、慈善奉仕に携わる婦人たちの愛徳会創設を計画する。ギュイヨン夫人も協力し、資金援助や薬の提供を行う。施療院には12のベッドが備えられ、愛徳会の礼拝堂は聖なる幼子イエスにささげられ、婦人3名が無料奉仕に携わる。婦人たちは『イエスの幼年期信心会の規則[3]』を実践する。グルノーブル近郊にも施療院を創設する。
1684年（36歳）	トリノに出かけ、グルノーブルに立ち寄った際、友人に引き留められ、そのまま滞在することになる。朝6時から夜8時まで人々が話を聞きにやっ

(2) ギュイヨン夫人の「書くこと」をめぐっては、村田眞弓氏の論考がある。「神秘家のエクリチュール」、『お茶の水女子大学人文科学紀要』第50巻、1997年、165–179頁。

(3) 大須賀沙織「ギュイヨン夫人とバルザックにおける幼子イエスの信心」、『人文学報』、2018年、199–221頁。

	てくる。『雅歌註解』、この頃執筆。「私は雅歌註解を1日半で書き、さらに訪問も受けていました。書く速度があまりに速かったため、腕が腫れ、こわばりました」。『聖書註解』執筆。「聖書を読み、読んでいる一節を書きとるや、すぐに説明が与えられました。[…] このようにして、主は私に聖書全体を説明させました。私は聖書しかもっておらず、聖書しか使わず、ほかに何も探そうとはしませんでした」。
1685年（37歳）	3月7日、『短く簡単な祈りの方法』、グルノーブルで出版。「私の人生で、この小さな町（グルノーブル）ほど多くの慰めを与えてくれた場所はありませんでした。互いに競って、心から神に身をささげている、よき魂の持ち主が数多くいました」。しかし、グルノーブル司教から立ち退きを命じられる。マルセイユ、ジェノヴァ、ヴェルチェッリ、トリノを放浪する。7月、モリノスがローマで逮捕される。10月、ナントの王令の廃止。  グルノーブル。山の麓に聖母訪問会があった（現在は美術館）

3．パリ、宮廷周辺での活動、投獄（38〜54歳）

グルノーブルから、リヨン、ディジョンへと北上し、パリに到着。8か月の監禁ののち、マントノン夫人の厚遇を得て、サン＝シールのサン＝ルイ王立学校に出入りする。サン＝シールの学校は、マントノン夫人の要請を受け、ルイ14世が1684年に創設した、貧しい良家の子女のための寄宿学校であったが、ギュイヨン夫人の教えは子女たちに大きな影響を及ぼす。フェヌロンとの交流もはじまるが、まもなく危険視され、投獄される。

1686年（38歳）	7月21日、パリに到着。ノートルダム大聖堂の近くに身を落ち着け、毎日ミサにあずかる。貧者への施し。『短く簡単な祈りの方法』、パリとリヨンで第2版出版。
1687年（39歳）	8月、モリノスに対する教皇令。ラ・コンブ神父、バスティーユに投獄される。11月20日、モリノスが正式に断罪される。
1688年（40歳）	1月29日、聖母訪問会に監禁される。従妹のド・ラ・メゾンフォールらの働きかけにより、9月13日頃、監禁を解かれる。『自叙伝』の執筆を継続。
1689年（41歳）	眼瞼膿瘍を患う。8月16日、フェヌロンがブルゴーニュ公の教育係に任命される。8月26日、娘ジャンヌ＝マリーがルイ＝ニコラ・フーケ(4)と結婚。娘はわずか13歳であったため、娘に付き添って2年半を過ごす。1月29日、『短く簡単な祈りの方

(4) ルイ14世のもと財務卿を務めたニコラ・フーケの息子。財務卿ニコラ・フーケは莫大な財産と豪華なヴォー・ル・ヴィコント城によりルイ14世の嫉妬を買い、1665年に国外追放となった。フーケが失脚し、ひとり娘マリー・ド・シャロ公爵夫人がモンタルジに亡命した際、ジャンヌの父は屋敷の一部を提供し、住まわせ

	法』に禁書処分が下る。
1690年（42歳）	サン＝シールの王立学校に出入りする。フェヌロンとの交流。『短く簡単な祈りの方法』、パリとルーアンで第3版出版。『祈りの方法』をめぐり、神学者ピエール・ニコル、ジャン＝ジャック・ボワローと面談。「『祈りの方法』のための弁明」を執筆。
1691年（43歳）	娘の付き添いを終え、パリに小さな家を借りる。
1692年（44歳）	サン＝シールの学校に「新たな霊性」を吹き込んだとし、マントノン夫人の周辺でも迫害の動きがはじまる。ボシュエらがギュイヨン夫人の「小さなグループ」に警戒の目を光らせる。
1693年（45歳）	マントノン夫人からの警告を受け、サン＝シールの学校に行くのをやめる。ボシュエに全著作を引き渡す。ボシュエは『自叙伝』に書かれた受動的祈りに不快感を抱く。10月、ボシュエと書簡のやりとり。
1694年（46歳）	1月30日、ボシュエと面談。「こんな方法で祈りをする人はほとんどいない」とボシュエは言う。書簡のやりとり、会議がつづく。6月末、毒を盛られ病気になる。検閲官が準備される。ギュイヨン夫人はフェヌロンとともに『弁明書』を準備する。7月末から9月まで、イシーで会談が開かれる(5)。10月16日、パリ司教教書により『祈り

ていた。ジャンヌは公爵夫人としばしば会い、神への愛を互いのうちに見出し、深い友情で結ばれた。

(5) 村田眞弓「イシー会談の意味したもの」、『お茶の水女子大学人文科学紀要』第48巻、1995年、53–69頁。

	の方法』と『雅歌註解』が断罪される。ルイ14世の孫で王太子のブルゴーニュ公ルイを中心に据え、ギュイヨン夫人とフェヌロンが指導し、幼子の道を実践する霊的サークル「ミシュラン」(6)ができ、短い『規則』が作られる。12月6日、検閲官の3人と面談。
1695年(47歳)	1月12日、イシーで聖職者トロンソンによる尋問。1月13日、真冬の寒さの中、ボシュエの司教区モーの聖母訪問会修道院に送られる。6週間、高熱で床に臥す。誹謗文、虚偽の手紙。嘘の告白を引き出そうとする策略。2月4日、ルイ14世によりフェヌロンが北フランスのカンブレー司教に任命され、7月31日にパリを去る。2月、検閲官の会議。3月10日、ギュイヨン夫人の著作とラ・コンブ神父の小論が断罪される。3か月の予定が半年に及んでいたため、2人の婦人が迎えに来て脱出し、パリにとどまる。12月27日に逮捕、ヴァンセンヌの牢獄に送られる。
1696年(48歳)	ヴァンセンヌでの尋問ののち、ヴォジラール街に監禁。修道女の監視下に置かれる。
1697年(49歳)	1月27日、ギュイヨン夫人擁護のため、フェヌロ

(6) 大天使ミカエルの祝日(9月29日)には、福音書の「心を入れ替えて子どものようにならなければ、決して天の国に入ることはできない」、「身を低くし、この子どものようになる者がもっとも偉大な者である」(マタイ18章1-10節)というイエスの言葉が朗読される。竜と戦った大天使ミカエルの強さと、幼子の心を生きること、両方の意味が込められているのだろう(「ギュイヨン夫人とバルザックにおける幼子イエスの信心」p. 209. *Correspondance*, t. II, Introduction par Dominique Tronc, p. 42-43)。

	ンが『諸聖人の箴言解説』を出版し、ボシュエとの論争がはじまる。ギュイヨン夫人の毒殺が謀られ、ギュイヨン夫人は一時視力を失う。
1698年（50歳）	4月26日、ラ・コンブ神父がルルドからヴァンセンヌの牢獄に移される。6月4日、ギュイヨン夫人、バスティーユの牢獄に移される。
1699年（51歳）	3月12日、フェヌロンの『諸聖人の箴言解説』、教皇庁から断罪が下る。
1703年（54歳）	3月までバスティーユで獄中生活。  ヴァンセンヌ城

4．ブロワでの晩年（55～69歳）

教皇庁から断罪されたフェヌロンが教会への従順を誓い、ボシュエは矛を収める。ギュイヨン夫人はバスティーユで日に日に衰弱していったが、告解をしたいという望み以外、何も求めるものはなく、死の時を待っていた。1703年1月、ルイ14世は、ギュイヨン夫人が子どもたちに会うことを許す。

1703年（55歳）	3月24日、健康回復のため半年の約束で釈放され、9月にさらに半年延長されるが、健康は回復せず、そのまま釈放となる。
1704年（56歳）	4月、ボシュエ死去（76歳）。
1705年（57歳）	ブロワのサン＝ニコラ教会の近くに小さな家を購入。ブロワの司教はフェヌロンの友人であった。
1709年（61歳）	『自叙伝』、『囚われの身の物語』の執筆を終える。フランス、外国（ドイツ、スイス、オランダ、スコットランド）の弟子たちとの交流、膨大な手紙のやりとり。
1712年（64歳）	2月、ブルゴーニュ公ルイ、病気で急逝（28歳）。
1715年（67歳）	1月、フェヌロン死去（63歳）。6月、ラ・コンブ神父死去（75歳）。9月、ルイ14世崩御（76歳）。
1717年（69歳）	3月、重篤に陥る。6月、遺言を作成。6月9日、ブロワの自宅で息を引きとり、ブロワのフランシスコ会原始会則派修道院内に埋葬される。  ブロワのサン＝ニコラ教会

パテル・ノステル（主の祈り）

Pater noster, qui es in cælis,
sanctificétur nomen tuum ;
advéniat regnum tuum ;
fiat volúntas tua,
sicut in cælo et in terra.
Panem nostrum quotidiánum
da nobis hódie ;
et dimítte nobis débita nostra,
sicut et nos dimíttimus debitóribus nostris ;
et ne nos indúcas in tentatiónem ;
sed líbera nos a malo. Amen.

Notre Père qui êtes aux cieux,
que votre nom soit sanctifié ;
que votre règne arrive ;
que votre volonté soit faite
sur la terre comme au ciel.
Donnez-nous aujourd'hui
notre pain de chaque jour ;
pardonnez-nous nos offenses,
comme nous pardonnons à ceux qui nous ont offensés ;
et ne nous laissez pas succomber à la tentation ;
mais délivrez-nous du mal. Ainsi soit-il.

天《てん》にましますわれらの父《ちち》よ、
願《ねが》わくは御名《みな》の尊《とうと》まれんことを。
御国《みくに》の来《き》たらんことを。
御旨《みむね》の天《てん》に行《おこな》わるるごとく、
地《ち》にも行《おこな》われんことを。
われらの日用《にちよう》の糧《かて》を
今日《こんにち》われらに与《あた》えたまえ。
われらが人《ひと》に赦《ゆる》すごとく、
われらの罪《つみ》を赦《ゆる》したまえ。
われらを試《こころ》みに引《ひ》きたまわざれ。
われらを悪《あく》より救《すく》いたまえ。アーメン。

アヴェ・マリア（天使祝詞）

Ave María, grátia plena,
Dóminus tecum,
benedícta tu in muliéribus,
et benedíctus fructus ventris tui, Jesus.
Sancta María, Mater Dei,
ora pro nobis peccatóribus,
nunc et in hora mortis nostræ. Amen.

Je vous salue, Marie, pleine de grâces,
le Seigneur est avec vous.
Vous êtes bénie entre toutes les femmes,
et Jésus, le fruit de vos entrailles, est béni.
Sainte Marie, Mère de Dieu,
priez pour nous, pauvres pécheurs,
maintenant et à l'heure de notre mort. Ainsi soit-il.

めでたし、聖寵《せいちょう》充《み》ち満《み》てるマリア、
主《しゅ》御身《おんみ》とともにまします。
御身《おんみ》は女《おんな》のうちにて祝《しゅく》せられ、
御胎内《ごたいない》の御子《おんこ》イエズスも祝《しゅく》せられたもう。
天主《てんしゅ》の御母聖《おんははせい》マリア、
罪人《つみびと》なるわれらのために、
今《いま》も臨終《りんじゅう》のときも祈《いの》りたまえ。アーメン。

訳者紹介

大須賀沙織（おおすが・さおり）

福島県生まれ。早稲田大学大学院文学研究科フランス文学専攻修士課程修了、パリ第４（ソルボンヌ）大学博士課程修了、博士（文学）。現在、東京都立大学人文社会学部フランス語圏文化論教室准教授。

著書　*Séraphita et la Bible : sources scripturaires du mysticisme balzacien,* Paris, Honoré Champion, 2012.

訳書　オノレ・ド・バルザック『神秘の書』（共訳）、水声社、2013年。

短く簡単な祈りの方法
——内的祈りの手引き

2022年９月30日　初版発行

訳　者　大須賀沙織
発行者　渡部　満
発行所　株式会社　教 文 館
〒104-0061　東京都中央区銀座4-5-1
電話 03(3561)5549　FAX 03(5250)5107
URL http://www.kyobunkwan.co.jp/publishing/
印刷所　株式会社　平河工業社

配給元　日キ販　〒162-0814　東京都新宿区新小川町9-1
電話 03(3260)5670　FAX 03(3260)5637

ISBN 978-4-7642-6755-8　Printed in Japan